1

Norbert-Bertrand Barbe

LE DEJEUNER SUR L'HERBE DE MANET ET LES *ENFANTS DE VENUS*, UNE ALLEGORIE DE L'ART DU PEINTRE

2

SOMMAIRE

4

*"Un tableau ayant pour objet
"un homme nu"
ne doit pas s'organiser
selon les lois de l'anatomie humaine,
mais selon celles
de l'anatomie picturale"*

(Paul Klee, *Journal*, octobre 1908)[1]

a) Problèmes d'interprétation: théorie générale

Le Déjeuner sur l'herbe (1863, h./t., 208x264,5 cm., Paris, Louvre, Jeu de Paume, fig. 1) de Manet pose sans doute l'un des plus curieux problèmes iconologiques, sans toutefois que les exégètes s'y soient vraiment arrêtés, en cet oubli contemporain que les codes régissent toujours les représentations, et par conséquent que les figures ne sont que l'enveloppe formelle d'une volonté didactique des artistes de répondre à un symbolisme conventionnel, ou de fonder par rupture les préceptes du goût de leur époque.

De fait, la double référence, d'une

part au *Concert champêtre*[2], et d'autre part à la gravure du *Jugement de Pâris* de Raphaël par Marcantonio Raimondi[3], assez éclatante pour être tout de suite relevée, en proposant une lecture génétique des sources aussi directe que sûre, a oeuvré comme si l'évidence dénotative était suffisante pour rendre compte du sens de l'oeuvre en son immanence.

Mais, pour paraphraser Jean Seznec dans *La survivance des dieux antiques* (1929-1940), l'étude de la transmission des formes, bien que nécessaire, n'est pas suffisante en elle-même pour comprendre leur rôle symbolique dans l'histoire de leur évolution.

Au même titre que l'ethnographie décrit, alors que l'ethnologie interprète, l'iconographie nous montre les mutations, mais seul la recherche de leur cause peut nous permettre de les comprendre. Or c'est seulement dans la pensée d'une époque qu'on peut retrouver la signification originale de ces mutations, justificatrice de leur utilisation symbolique, même si toujours dues au jeu du hasard et de la nécessité.

b) Les sources du *Déjeuner sur l'herbe*: entre évocation allégorique de l'Art et apologie vénusienne des sens

On ne peut taire le fait que les deux sources iconographiques avérées du *Déjeuner sur l'herbe* sont respectivement les illustrations traditionnelles: pour *Le concert champêtre* d'une allégorie de la Poésie, telle qu'elle apparaissait aussi sur la fresque d'entrée de la bibliothèque de Pico della Mirandola[4], et pour *Le Jugement de Pâris* de l'*Harmonia est discordia concors*[5], puisque:

"Parmi les interprétations platoniciennes du Jugement de Pâris, l'allégorie cosmique qu'imagina Sallustius se dsitingue par son caractère méditatif et obsédant: "Ainsi dit-on précisément que la Discorde, au banquet des dieux, jeta une pomme d'or, et que les déesses, qui se la disputaient, furent envoyées par Zeus

à Pâris pour qu'il jugeât entre elles; Pâris décida qu'Aphrodite était la plus belle, et il lui donna la pomme. Ici le banquet signifie les puissances hypercosmiques des dieux, et voilà pourquoi ils sont assemblés; la pomme d'or signifie le monde qui, étant formé d'éléments contraires, est dit de bon droit jeté par la Discorde. Comme les divers dieux accordent divers bienfaits au monde, ils paraissent se disputer pour la pomme. enfin l'âme qui vit selon les sens (c'est cela qui est Pâris), ne percevant que la beauté sans voir les autres puissances qui se manifestent dans le monde, déclare que la pomme appartient à Aphrodite. / Qu'un mortel qui ne perçoit "que la beauté sans voir les autres puissances" parvienne un court instant à réduire au silence la "querelle des dieux", Raphaël l'a irrésistiblement suggéré dans sa composition du Jugement de Pâris, librement dessinée d'après un sarcophage romain (Villa Médicis, Rome) et gravée par Marcantonio Raimondi. La présence des Oréades qui entretiennent les fontaines du mont Ida, comme celle de dieux-fleuves et d'une Naïade sur les rives du Scamandre (cf. Porphyre, "De antro nympharum", 10, 12; ainsi que Sallustius, "De dis et munda", parag. IV, p. 8), situe la discorde des trois déesses dans un monde de flux continuel - auquel Pic attribuait l'apparition de la Beauté " parce que là commence la contrariété". Sur le sarcophage antique, qui n'a survécu que dans un état délabré, Mars, dieu du conflit, tient *compagnie à la victorieuse Vénus: Bonasone devait en refaire un redoutable guerrier dans une importante gravure dont l'ambition était probablement de rivaliser avec celle de Marcantonio. En omettant Mars, Raphaël a concentré le motif sur l'instant suprême où la Beauté transfigure le monde des sens tandis que Pâris succombe nécessairement au charme parce que, suivant les mots de Sallustius, il est "l'âme qui vit selon les sens". Dans un bois gravé de Burgkmair, qu'avait imaginé pour lui Conrad Celtes, on peut lire l'inscription "errando discitur philosophia" au-dessus du Jugement de Pâris cependant que Concorde et Discorde assistent à la scène. Dans la composition de Raphaèl, l'"erreur" de Pâris est d'avoir rendu un hommage extatique et exclusif à la beauté. Alors que le geste moral exhortatif de Junon et le "dévoilement de la vérité" qu'accomplit Minerve invitent Pâris à regarder au-delà de la sensibilité, la perfection de Vénus "se donne à voir" ("Phèdre", 250d). La nostalgie classique qui imprègne la scène exprime le sujet poétique de Raphaël; il célèbre la Beauté descendue du ciel et rendue visible - avec des effets tragiques - à un mortel. Le thème est conçu comme une épiphanie, une mystérieuse communion entre un mortel et les dieux, où la concorde naît de la discorde, mais juste pour un temps éphémère."*[6]

Il existe dès lors deux manières

d'aborder la question de l'approche génétique du *Déjeuner sur l'herbe*: la première, iconographique, et la seconde, comme nous l'avons dit, iconologique, celle-ci s'intéressera au rôle double de la référence dans l'oeuvre, marquée par l'iconographie.

L'approche iconologique a sans doute ses limites, celles notamment de la superposition de la culture de l'exégète à celle de l'artiste et de son temps. Néanmoins, dans le cas qui nous intéresse, l'iconographie du Jugement de Pâris est suffisamment répandue aux XVIème-XVIIIème siècle, tant dans une perspective de libertinage[7] que clairement morale, notamment dans le cycle des *Tentations de saint Antoine*[8] (on pense par exemple au célèbre tableau de Metsys et Patinir), pour attester la connaissance que pouvaient avoir les artistes de son symbolisme conventionnel.

Au fait, on retrouve bien en *La*

Belle Hélène, oeuvre postérieure d'une année seulement au *Déjeuner sur l'herbe*, la parodie de l'aventure de Pâris ("*âme qui vit selon les sens*" et est pour cela créatrice de discorde), "*épiphanie,... mystérieuse communion entre un mortel et les dieux, où la concorde naît de la discorde, mais juste pour un temps éphémère*", accommodée à ce jeu de l'amour et du hasard du libertinage bourgeois, popularisé par les pièces du théâtre de boulevard contemporain. D'autre part, Monet donnera une version du *Déjeuner* qui nous renvoie parfaitement cette image du pique-nique bourgeois au bord de l'eau.

Ainsi l'approche iconologique impose la formulation suivante à la question génétique: comment se fait-il que l'iconographie du *Concert champêtre*, parfaitement reconnaissable dans *Le Déjeuner sur l'herbe* par la position qu'occupe chacun des personnages dans le groupe central: une femme nue entre deux hommes de type "artiste", soit référencée chez Manet non directement, comme on pourrait s'y attendre, mais au contraire à travers la réutilisation arbitraire d'un morceau - d'une "séquence" - du *Jugement de Pâris* dans la version de Raimondi d'après Raphaël? Le recouvrement d'un motif par l'autre équivaut-il vraiment à la perte du premier sous le second, ou bien à une confusion globale des deux? Ou faut-il finalement considérer une possible interaction symbolique entre les deux thèmes, qu'on pourrait comparer à une sorte de renforcement par redondance?

On sait que "*Complimenter un prince de son universalité en comparant son jugement à celui de Pâris devint une formule obligée de l'euphuisme de la Renaissance... Il fut poussé à l'extrême dans un portrait allégorique de Hampton Court dans lequel la reine fait honte aux trois déesses parce que, ainsi que le proclame l'inscription, elle associe en elle les dons qu'elles ne possèdent que séparément*"[9]. Or voici les mérites respectifs des trois déesses du Jugement: à Pallas revient la sagesse, à Junon la puissance, et à Vénus, grâce, poésie et musique[10]. De plus, le syncrétisme de la Renaissance associe traditionnellement Vénus à Terpsichore, muse de la danse[11]. On trouve dans la forme des allégories de l'Amour et de l'Art une structure formelle très proche de celle du *Déjeuner sur l'herbe*, par exemple dans le relief en pierre de Loy Hering, représentant *Le Jardin d'Amour* ou *Liebesgarten* (XVIème siècle, Berlin, Kaiser Friedrich Museum, fig. 2) et *L'Allégorie des arts libéraux*, gravure de A. Loyr d'après N. Loyr (Paris, B.N., Cabinet des Estampes, fig. 3).

S'interrogeant de façon assez confuse sur l'origine de l'évocation du *Jugement de Pâris* dans *Le Déjeuner sur l'herbe*, et reprenant les développement du néoplatonicien Marsile Ficin, du psychanalyste Freud ou de l'historien de l'art de l'Ecole de Warburg Edgar Wind, Hubert Damisch[12] (1992) permet de confirmer à la fois la pérennité du symbolisme néo-platonicien du Jugement de Pâris au XIXème siècle[13], et la qualité affirmée de Vénus dans le Jugement de Pâris en tant que déesse qui donne "*la grâce, la poésie et la musique*" (donc pendant féminin d'Apollon, dieu des Arts et de la Poésie).

Le Bain[14], titre originel du *Déjeuner sur l'herbe*[15] nous renvoie, par typologie et en tant que *"blague"*[16] à la manière avant-gardiste (qu'on rencontre aussi bien chez les impressionnistes que chez les surréalistes), au thème de la Luxure, et par conséquent des enfants de Vénus de l'iconographie traditionnelle (la présence du moineau, de l'instrument de musique ou des fruits s'explique ainsi dans *Le Déjeuner sur l'herbe* en tant qu'elle illustre cette évidence de l'apologie amoureuse des sens)[17]. C'est bien à un privilège des sens immédiats, et donc de l'art comme compte-rendu de la vie sur l'art officiel[18], conformément à la politique impressionniste (n'oublions pas que *Le*

Déjeuner sur l'herbe fut présenté au Salon des Refusés), que met en scène le tableau de Manet, puisqu'il mêle ingénieusement le thème du bain[19] à celui du *Concert champêtre*, tout comme plus tard Cézanne, Matisse ou Picasso lui-même, en reprenant l'iconographie adoptée par ces prédécesseurs dans les lubriques, et par là-même vénusiennes, *Demoiselles d'Avignon*[20], associeront l'imagerie du bain avec le type des trois Grâces s'ébattant autour de leur déesse tutélaire Vénus.

c) Vénus, déesse de l'art et de la beauté: des *Cabinets d'amateurs* au XVIIème siècle au *Déjeuner sur l'herbe*

Vénus, indirectement mise en scène par Manet dans *Le déjeuner sur l'herbe*, est sans doute la principale figure des scènes mythologiques dont les peintres du XVIIème siècle flamand paraient leurs *Cabinets d'amateurs*. On la trouve aussi bien dans les *Allégories des cinq sens* (dans lesquels étaient reproduits des tableaux, choisis pour leur rapport avec le sens évoqué) que dans les *Cabinets* proprement dit[21]. Selon le mot de Baudelaire dans *L'Art romantique:*

"L'âme lyrique fait des enjambées vastes comme une synthèse... C'est cette considération qui sert à nous expliquer quelle commodité et quelle beauté le poète trouve dans les mythologies et les allégories. La mythologie est un dictionnaire d'hiéroglyphes vivants, hiéroglyphes connus de tout le monde. Ici, le paysage est revêtu comme les figures d'une magie hyperbolique; il devient décor. La femme est non seulement un être d''une beauté suprême, comparable à celle d'Eve ou de

Vénus; non seulement pour exprimer la pureté des yeux, le poète empruntera des comparaisons à tous les meilleurs réflecteurs et à toutes les plus belles cristallisations de la nature, mais encore faudra-t-il doter la femme d'un genre de beauté tel que l'esprit ne peut le concevoir que comme existant dans un monde supérieur."[22]

C'est ainsi que, sous l'influence des *Cabinets de théoriciens*, pendants littéraires aux *Cabinets d'amateurs*, ces derniers en vinrent à symboliser l'art du peintre par des figures allégoriques et des personnages mythologiques, tels qu'Apollon, dieu des arts, la Paix, le Temps, la Renommée et Mercure (symboles d'une époque de paix et de bonheur où peuvent prospérer les arts), le Dessin, ou encore la Mélancolie (tempérament propre aux artistes)[23].

On trouve donc aussi Vénus, très prisée par Henri van Balen et Jan Bruegel de Velours, en tant que déesse de "*la grâce,* (de) *la poésie et* (de) *la musique*" (Ficin), ou les Muses. Cependant, alors que pour les *Cabinets de théoriciens* Calliope était la Muse de la Poésie, aucune des huit autres ne patronnait les Arts. Aussi les peintres et les rhétoriciens flamands inventèrent-ils une dixième compagne à Apollon, Pictura, qui désormais devint soeur de Poesis[24]. (C'est cette Muse Pictura qui, dans *L'Atelier* de Courbet, remplacera la Poesis de *L'Inspiration du Poète*, nous y reviendrons.)

Dans les *Cabinets d'amateurs* et les *Allégories des cinq sens*, on trouve, outre Vénus et Pictura, les trois déesses du Jugement de Pâris[25], ce qui est logique, du fait que Pâris lui-même exprime depuis Sallustius *"l'âme qui vit selon les sens"*.

Les cinq sens eux-mêmes[26] apparaissent sans équivoque possible comme des allégories de l'art de la peinture. Ceci est très net dans les séries réalisées par Bruegel de Velours entre 1615 et 1618. On notera que c'est justement dans *L'Allégorie de la Vue* (fig.

4) et dans *L'Allégorie de la Vue et de l'Odorat* (dont il ne reste plus qu'une copie de 1701), qu'on trouve la reproduction d'une des versions du *Jugement de Pâris* de Rubens, antérieure apparemment de quatre ans à celle où les trois déesses prendront l'apparence des Trois Grâces[27].

Damisch, faisant entre autres référence à cette *Allégorie* de Bruegel dans laquelle interviennent plusieurs reproductions de Rubens[28], a montré que cette substitution d'une iconographie à l'autre dans le *Jugement de Pâris* marque la pleine et entière victoire de Vénus, déesse de la beauté, sur les deux autres déesses[29], comme l'atteste en outre *"L'inscription gravée sur une tablette, en bas à gauche de la composition* (de Raphaël), *"Sordent prae forma/ Ingenium/ Virtus/ Regna aurum"* (qui) *dit assez que la forme l'a emporté, en la personne de Vénus, sur la force (la "virtus") qui peut être celle de l'esprit (désormais représentée par Minerve) et sur la*

royauté divine (que personnifie Junon)"[30]
(Fréart de Chambray, *Idée de la perfection de la peinture*, Le Mans, 1662, considérant, à juste titre, que, dans cette victoire, les poètes *"sont en quelque sorte camarades des peintres"*[31]). C'est pourquoi Vénus peut être représentée tenant la lyre d'Apollon[32].

Damisch cite en exergue le texte de Fréart de Chambray à propos de la gravure de Raimondi:

"Le Sujet dont il s'agit en cette histoire étant la Vue, et Pâris, entre toutes les autres Figures, faisant principalement cette fonction, le Peintre ne pouvait pas colloquer plus judicieusement son point de vue qu'à l'oeil de Pâris, qu'il a même pour cet effet représenté de Profil, afin de montrer encore par là qu'il n'y en doit avoir qu'un précisément, comme les Géomètres l'enseignent dans l'Optique; où ils représentent la Vision par une forme de pyramide radieuse, à la pointe de laquelle est l'oeil."[33]

Il devient alors fort intéressant de noter que les *Allégories de la Vue* montrent tout un tas de procédés d'optique, ainsi que des figures vénusiennes de profil[34].

On en conclut naturellement que, comme le *Jugement de Pâris*, les *Allégories des cinq sens* - particulièrement de celui de *La Vue* - et les *Cabinets d'amateurs* sont des apologies à la gloire des artistes et de la peinture.

Probablement composée en 1884, c'est en janvier 1885 dans *La Revue indépendante* que Stéphane Mallarmé offre sa "*Prose (pour des Esseintes)*", dans laquelle, l'art neuf, réveillant le "... *grimoire/... vieux livre de fer vêtu*", ouvre par "... *la science,/ L'hymne des coeurs spirituels*", dans l'heure apollinienne d'"*Eté*": le "*midi*" (le poème s'inscrit en relation dialectique notamment avec "*Renouveau*" et "*L'Azur*"), "*sol des cent iris*" très semblable donc à la vallée des *Psaumes*, "... *l'île que l'air charge/ De vue et non de visions*". C'est là que, dans ce lieu mythologique qui nous ramène au *Songe de Scipion*, que s'opère la réunion d'Anastase (étymologiquement en grec: "*Résurrection*", en l'occurrence, celle, annoncée au début, des "*éternels parchemins*") et de Pulchérie (étymologiquement: "*Beauté*"), sous le signe des "*Idées*" et prenant à témoin "*l'Esprit de litige*", sorte de botticellienne figure (on pense, bien sûr, à *La Calomnie d'Apelle*, v. 1490-1495, d'après la description de Lucien), qui n'en est pas moins "*Esprit*". Réunion principielle symbolisée par le glaïeul et les iris aux grandes fleurs, donc selon une iconographie directement empruntée à la rencontre de Joseph et Marie.

Dans ce poème, Mallarmé rend hommage à Joris-Karl Huysmans qui l'avait cité dans *A rebours* (1884), livre qui, préfigurant *Là-bas* (1891), influença toute la génération dite "*Décadente*", et dans lequel apparaît pour la première fois le nom de Mallarmé, auteur jusqu'alors inconnu, grâce à une citation de quelques vers de "*Hérodiade*" dont raffole le héros du roman: Des Esseintes, aristocrate malade et esthète. Blasé du monde et de ses aventures, Des Esseintes décide, à l'instar du héros de la nouvelle "*Le Domaine d'Arnheim*" (*Columbian Magazine*, 1847) de Edgar Allan Poe (auquel par ailleurs Mallarmé dédia aussi un sonnet-"*Tombeau*") de s'enfermer en lui-même pour y recomposer un monde idéal, celui de son imagination, se créant ainsi un univers composite d'objets rarissimes: il collectionne tour à tour des fleurs les plus exquises (d'où l'allusion dans le poème), les parfums les plus somptueux et les livres d'auteurs méconnus ou décadents, privilégiant les poètes latins de la décadence, et les contemporains, de Baudelaire à Verlaine ou Mallarmé (d'où, là encore, la double référence, au début et à la fin du poème, aux grimoires). Sa manie d'esthète porte Des Esseintes à de curieuses considérations, comme "*voir*" (on notera ainsi l'insistance dans les strophes 6 et 8 sur la référence à la vue dans "*Prose*") dans des mélanges de liqueurs des harmonies de couleurs et d'odeurs, par une sorte de symbiose des sens. Au terme d'expériences multiples qui visent toutes à une exaltation particulière des sens (vue, ouïe, odorat, goût) le héros est pris d'une crise de désespoir, qui le mènera finalement à la folie.

L'identification entre Des Esseintes et Mallarmé est mise en évidence par l'appropriation que ce dernier dans la deuxième strophe de son poème s'octroie de l'activité inventive du héros de Huysmans:

"*Car j'installe, par la science,*
L'hymne des cœurs spirituels
En l'œuvre de ma patience,
Atlas, herbiers et rituels."

Symbiose confirmée par le deuxième vers de la troisième strophe: "*(Nous fûmes deux, je le maintiens)*", le dernier commençant par "*O soeur*" ouvrant sur la question de l'élévation, pour reprendre une terminologie jungienne, de l'âme du poète-*Animus* grâce à l'*Anima*-Muse.

d) De Courbet à Manet: l'allégorie de la Peinture

A notre connaissance, personne n'a encore noté l'étonnante ressemblance entre *L'Atelier du peintre* (1855, h./t., 359x598 cm., Paris, Musée d'Orsay, fig. 5) de Courbet et *Le déjeuner sur l'herbe* de Manet, qui en est comme une réduction. On sait en effet l'intérêt de Manet pour l'oeuvre de Courbet, dont il s'inspira souvent, ainsi d'ailleurs que pour la copie des classiques, double intérêt attesté par les nombreuses reproductions et interprétations qu'il fit de ces modèles[35].

L'Atelier de Courbet, projet grandiose par ses dimensions, se pose clairement comme une exaltation de l'art du peintre, au même titre que *L'Inspiration du Poète* (1630, 184x214 cm., fig. 6) de Poussin, dont il reprend la structure à l'envers.

Pendant que chez Poussin la figure d'Apollon assis, avec derrière lui à sa gauche Calliope debout, est orientée vers la droite du spectateur, Courbet se représente dans *L'Atelier* également assis, mais cette fois le corps orienté à gauche, pendant qu'à sa droite et derrière lui se tient debout un modèle nu, équivalent moderne de la Muse de *L'Inspiration du Poète*, qui se couvre le sexe et les seins d'un morceau de vêtement, dans l'attitude classique d'une naïade ou d'une Vénus pudique.

On notera aussi que Poussin montre encore Apollon dictant, bras gauche contre le corps et bras droit tendu vers la feuille blanche. Courbet, reprenant cette pose, se peint en train de retoucher un paysage, bras gauche tenant la palette contre le corps, et bras droit tendu, le pinceau à la main.

De même enfin que chez Poussin un *putto* se tient contre les jambes d'Apollon et de Calliope, pendant qu'un autre volette au-dessus de leurs têtes, chez Courbet un jeune enfant accompagné d'un chat blanc se tient aux pieds du peintre. Comme les *putti* de Poussin s'apprêtent à couronner Apollon des lauriers du poète, l'enfant de Courbet regarde l'artiste à l'oeuvre, émerveillé qu'il est de son talent.

L'Atelier nous représente toute une faune entourant le peintre, qui va de Baudelaire endormi à droite sur sa lecture, aux divers modèles et curieux sur la gauche. On remarque, éparpillés au hasard de la composition, une guitare et une flûte traînant par terre, abandonnées, un quidam accompagné de ses deux chiens, un crâne sur un guéridon presque collé contre la toile que Courbet est en train de peindre, etc.

Ce défilé de modèles, qui va du personnage de la Commedia dell'Arte au Saint Sébastien, comme l'apparition de quelques célèbres personnages de l'entourage direct de Courbet, font de

L'Atelier la peinture vivante de l'artiste dans son milieu. Ce thème, au centre de l'oeuvre de Courbet, l'a préoccupé toute sa vie. A la peinture réaliste du peuple, Courbet associe celle de sa propre vie, de l'*Autoportrait au chien noir* (1842) à *L'Atelier*, en passant par *Deux amants heureux* (1844), *Une après-dînée à Ornans* (1848-1849) et *Bonjour Monsieur Courbet* (1854).

Ainsi donc, illustration "ethnologique" du peintre dans son milieu et allégorie de l'Art, *L'Atelier*, bien que refusé au Salon de 1855, mérite parfaitement le titre que Courbet lui donna d'"*allégorie réelle*". La jeune femme qui sert de modèle nu au premier plan, qui "*s'absorbe dans le spectacle de l'artiste au travail. Indifférente aux regards*", fut interprétée comme "*l'image de cet art sans fausse pudeur ni maniérisme que Courbet voulait inaugurer*"[36] (dont le plus parfait exemple est sans doute *L'origine du monde*).

Comment, dès lors, ne pas rapprocher *L'Atelier*[37], qui transporte l'allégorie poussinienne dans le monde réel (la transformation du *putto* en enfant ébouriffé en est la preuve), du *Déjeuner sur l'herbe*[38]. La partie centrale de *L'Atelier* met côte à côte un nu et un homme, Courbet lui-même, en costume. L'arrière-fond offre un vaste panorama, apparemment composé par les toiles du Maître. De plus, comme on l'a dit, différents éléments, symboliques de chaque genre pictural, sont dispersés dans la toile. Citons le crâne, qui symbolise la *Vanité*, le paysage, que Courbet est en train de peindre, le nu, la nature morte, représentée par la guitare, la flûte et le chapeau, la scène religieuse, évoquée au travers du personnage en croix au second plan, la scène de genre, formée par l'ensemble des personnages pris "sur le vif", enfin le portrait (Baudelaire) et l'autoportrait. La savante combinaison de tous ces éléments fait de *L'Atelier* une sorte de "cabinet d'amateur", si cher au XVIIème siècle.

Si on énumère à présent les éléments qui composent *Le déjeuner sur l'herbe* de Manet, on s'aperçoit que tous les thèmes picturaux y sont également mis en scène. La nature morte au premier plan, la scène de genre (la partie de campagne et le déjeuner sur l'herbe), le paysage (le décor sylvestre), le nu, le portrait "en pied" (les deux jeunes gens en habits de ville), et la peinture d'histoire ou mythologique (par la référence au Jugement de Pâris). Comme dans la partie centrale de *L'Atelier*, le rapprochement entre la représentation du nu féminin et les deux jeunes gens en costume provoque une réflexion sur "*cet art sans fausse pudeur ni maniérisme que Courbet voulait inaugurer*", et que Manet a voulu faire sien dans toute son oeuvre[39].

A cet égard, les vêtements, vraisemblablement ceux de Meurent, sur lesquels s'étale la nature morte au premier plan du *Déjeuner* de Manet, sont très comparables dans la façon dont ils "tombent" à ceux, également au premier plan de *L'Atelier* de Courbet, dont un morceau sert de voile au modèle nu. De même, le personnage isolé à la droite du spectateur dans *Le déjeuner* affecte, tant par son geste, bras tendu doigt pointant[40], que par sa pose de profil et sa barbe ne laissant voir que le nez, la même attitude que Courbet dans *L'Atelier*, tout autant qu'il reproduit celle du dieu de Marcantonio Raimondi[41].

L'Atelier, en tant qu'"*allégorie*" comme le définissait Courbet lui-même, accumule de façon remarquable certains éléments. Si on les met tous en relation, *L'Atelier* apparaît alors très nettement comme une allégorie, mais pas n'importe laquelle: comme une "Allégorie des sens".

Certes, sur les cinq sens, le tableau de Courbet en privilégie visiblement deux, et il semblerait même que le goût n'y ait aucune place. Les deux sens le plus fréquemment rappelés sont la vue et l'ouïe (dont on vient de voir leur lien direct avec l'apologie de l'art du peintre dans les *Cabinets d'Amateurs*). En effet, comment expliquer autrement la présence:

1°/ D'une flûte et d'une guitare au premier plan, ainsi qu'à l'arrière-plan d'un joueur de violon, et du personnage de la Commedia dell'Arte, déjà cité, qui se bouche les oreilles[42]?

2°/ Du petit garçon auprès de Courbet, regardant fixement le travail du peintre, ainsi que les jeux de regards du modèle, qui contemple lui aussi le tableau, de la femme, à droite, qui se retourne et regarde derrière elle, ainsi que de Baudelaire, un livre ouvert sur les genoux?

Les deux autres sens - on a dit que le goût semblait ne pas être représenté, mais peut-être est-ce parce que Courbet veut ainsi nous faire ressentir que le (bon) goût, c'est l'Art lui-même? -, les deux autres sens donc, à savoir l'odorat et le toucher, sont simplement évoqués. L'odorat par les chiens, et le toucher par le chat, et peut-être aussi par le singe, voire par Courbet lui-même en train de peindre, et le deuxième petit garçon, allongé à droite aux pieds de la dame se retournant, qui, imitant l'activité du peintre, est en train de s'affairer sur une feuille blanche.

Ce n'est d'ailleurs pas fortuitement que Courbet choisit de mettre plus particulièrement en exergue la vue et l'ouïe, sens de la Vénus terrestre selon Platon[43] qui, depuis que Ficin dans son commentaire sur *Le Banquet* l'exposa à la Renaissance, furent considérés comme ceux de la Beauté perçue par l'Esprit[44] (ce qui explique donc leur récurrence dans les *Galeries d'amateurs*).

Comme l'écrit Panofsky (1969), les sens:

"... étaient toujours divisés en sens "élevés" et "bas", et les philosophes étaient unanimes à proclamer que seuls

les sens de la vue et de l'ouïe (mais non ceux du goût, de l'odorat et du toucher) permettaient à l'esprit de percevoir la beauté et d'accéder ainsi aux mondes imbriqués de l'amour, de la connaissance et de l'art. Même aujourd'hui nous disons d'une chose que nous voyons ou entendons qu'elle est "belle" alors que nous utilisons l'adjectif "bon" pour ce que nous sentons, goûtons ou touchons. / Il existait pourtant un désaccord fondamental sur les mérites respectifs des deux sens "élevés". L'une des école de pensée qui tirait gloire du patronage d'Héraclite et de l'appui de Platon, faisait de la vue le plus noble et le plus précis des sens; cette doctrine était évidemment adoptée avec enthousiasme par ceux des théoriciens de l'art de la Renaissance qui tenaient la peinture pour la reine des arts. Les panégyriques de Léonard sur le sens de la vue sont aussi fameux que ceux de Dürer; le premier, tirant la conclusion logique de la position platonicienne, déclarait explicitement que "la musique doit être considérée comme la soeur de la peinture, car elle est soumise au sens de l'ouïe, sens second par rapport à l'oeil". / Aristote au contraire, penseur s'adressant à l'intellect plutôt qu'aux sensations ou aux émotions, et pour qui la lecture était une expérience acoustique plutôt que visuelle, soutenait que l'ouïe seule produit le langage et fournit la plus grande part de l'apprentissage, et il affirmait qu'un aveugle de naissance "serait plus sage qu'un homme né sourd et muet". / Marsile Ficin, dans *son désormais familier commentaire sur "Le Banquet" de Platon, proposa un compromis raisonnable. Eliminant bien entendu les sens du goût, de l'odorat et du toucher du temple de la Beauté et de l'Amour (ils ne peuvent qu'"inciter à l'"amor ferinus") il confère un égal honneur aux sens de la vue et de l'ouïe; il les élève même tous deux jusqu'au niveau de l'Esprit: "il existe trois sortes de beauté, celle des âmes, celle des corps et celle des sons; celle des âmes est perçue par l'esprit, celle des corps par les yeux et celle des sons par les oreilles; l'amour est toujours satisfait avec l'esprit, les yeux et les oreilles", mais la discussion court tout au long de la Renaissance. Les deux auteurs du Cinquencento les plus sérieux sur le sujet de l'amour, Leono Ebreo et Baldassare Castiglione, acceptèrent cette solution de conciliation. La majorité penchait pourtant en faveur de la vue. Mais deux auteurs importants, tous deux Vénitiens, optèrent en faveur de l'ouïe; Guiseppe Betussi ("Il Raverta", Venise, 1544) sans réserves; et Pietro Bembo au moins dans la mesure où il porte au crédit de l'ouïe la capacité de percevoir directement la beauté de l'âme alors que l'oeil ne peut percevoir directement que la beauté du corps./ C'est à la lumière de cette discussion qu'Otto Brendel - et je suis d'accord avec lui, au moins dans le principe - propose d'interpréter un groupe de tableaux peints par le Titien et par d'autres après lui, dont le sujet est nouveau et calculé pour exciter les passions charnelles (par la*

*juxtaposition d'une femme nue et d'un gentilhomme
entièrement vêtu) autant que pour intriguer l'esprit:
"Vénus et un musicien".../... Ainsi Vénus est-elle
devenue la reine de toutes les beautés, qu'elles se
perçoivent avec l'oeil ou l'oreille. Et dans la sphère
même de la musique son domaine comprend aussi bien
les sons rustiques et souvent lascifs du pipeau et de la
flûte... que les harmonies plus nobles et plus élevées des
instruments à cordes et des chants polyphoniques* (on
retrouve là les instruments présents dans
L'Atelier de Courbet et qui, traditionnellement
symbolisent, en accord avec la conception
d'Aristote d'ailleurs, comme le rappelle fort
justement Panofsky, mais aussi avec celle de
saint Thomas, l'adéquation de la musique avec
les trois formes de rhétorique - nous allons y
revenir[45] -)... *Musicien et peintre à la fois, le Titien
pour finir confère une égale dignité aux sens de l'ouïe*
(le musicien) *et de la vision* (la Vénus nue)."[46]

On voit donc que l'allégorie des
sens est directement liée au thème de la
Beauté et de la peinture, toutes deux
traditionnellement symbolisées par
Vénus (ce qui explique la présence
répétée de la déesse dans les *Galeries de
peinture* du XVIIème siècle). On voit

également que la proximité dans certaines toiles entre une Vénus nue et un musicien en habits reprend cette même problématique[47].

C'est sans doute pour cela que *Le déjeuner*, du moins à ce que nous pouvons en juger, paraît être une allégorie à la fois plus complète et plus allusive des cinq sens que *L'Atelier* de Courbet.

L'odorat y est symbolisé par les fleurs au premier plan. Le goût par les fruits et le pain. Le toucher par les vêtements éparpillés, les jeux d'eau de la "naïade", et la nudité érotique de Meurent, qui s'oppose à l'habillement des deux jeunes hommes (autre symbole de la sensation du toucher). L'ouïe par le dialogue qui s'est instauré entre les différents personnages, par le rouge-gorge qui se pose sur une branche, en haut au centre de la toile, et par le bruit de la petite cascade à gauche, cachée par les arbres. Enfin, la vue, par le regard insistant des deux personnages de gauche, fixant littéralement le spectateur.

e) Conclusion: "*Sordent prae forma/ Ingenium/ Virtus/ Regna Aurum*"

En conclusion, *Le déjeuner sur l'herbe* est une illustration moderne des *Enfants de Vénus*, et Manet, suivant l'exemple de Courbet, se sert de ce thème libidineux pour proposer une vision moderne et libertaire de l'art. Voici transformé en blague gouailleuse le prétexte mythologique conventionnel, *Le Déjeuner sur l'herbe* nous offre donc une allégorie-apologie (dont on se rend compte en notant que l'oeuvre a gardé quelque chose du gigantisme propre au genre historique de *L'Atelier*) de l'art moderne, épris de vérisme et de nature, donc provocateur, esthète, épicurien et lascif, en rupture avec l'art officiel.

Comme l'ont très bien pressenti les critiques qui ont cherché dès le début la référence cachée derrière cette partie carrée, *Le déjeuner* n'aurait aucun sens s'il ne se comprenait par l'allusion mythologique et comme une allégorie.

En effet, rien ne pourrait expliquer de la part d'un artiste largement antérieur au surréalisme, et par ailleurs habitué de la reprise des thèmes iconographiques classiques (comme c'est le cas dans l'*Olympia*), l'organisation de ce tableau où se côtoient sans raison apparente une femme nue regardant le spectateur (à une époque où la pudibonderie empêchait les femmes de se baigner sans sous-vêtements, ce que rappelle la naïade à l'arrière-plan), à côté des reliefs d'un repas, agencés comme une nature morte et hors de portée des deux hommes qui, curieusement, se seraient attablés loin du pique-nique, deux hommes, notons-le, qui continuent de deviser comme si de rien n'était, sans même un regard pour la pulpeuse Meurent, trop occupés semble-t-il, l'un à regarder le spectateur par-dessus l'épaule de la fille, et l'autre à discourir comme s'il était dans un cercle d'étudiants, bien que l'aspect classique de sa pose le ferait plutôt mettre dans une représentation du Parnasse. Sans parler, bien sûr, de la pêcheuse au second plan, qui n'a apparemment aucun lien avec le groupe (si on ne l'interprète pas comme une Muse du type Peitho-Poésie).

Par contre en tenant compte premièrement de l'importance de la figure de Vénus (à la fois Vénus-Humanité et Vénus-Peitho) dans les *Cabinets d'amateurs* du XVIIème siècle aussi bien que dans *Le déjeuner*, deuxièmement de l'importance de la référence mythologique, tout de suite notée comme nous venons de le rappeler par la critique (par Ernest Chesneau dans son compte-rendu sur le Salon des Refusés dans *L'Art et les artistes modernes en France et en Angleterre*, Paris, 1864, puis par Gustav Pauli, conservateur du musée de Hambourg, en 1908, et par Aby Warburg)[48], au *Jugement de Pâris* dans le tableau de Manet (dont Damisch montre parfaitement que le thème renvoie à la question de l'Art - Pâris, impie en cela comme Prométhée ou Adam, ayant voué l'humanité au culte de la beauté physique plutôt qu'à celui de la beauté éthérée et divine, symbole que les néo-platoniciens ont abondamment développé, beauté charnelle, "*voluptueuse*" pour reprendre le terme de Ficin, identifiée par la tradition esthétique moderne à l'art ainsi sublimé par la référence à l'épisode mythologique du choix du Troyen, que ce soit là encore dans les *Cabinets d'amateurs* ou chez Manet -), et troisièmement de l'allégorie de la peinture que représentent *Le déjeuner sur l'herbe* comme *L'Atelier* de Courbet[49], allégorie qui semble cacher une évocation des cinq sens (qui, notons-le, servent assez souvent dans les marqueteries, les trompe-l'oeil et les *Vanités* baroques à symboliser les catégories de l'art[50]), il devient évident qu'on ne peut totalement comprendre le tableau de Manet que si on le considère comme un apothéose de l'art pictural.

De fait, on est parfaitement en droit de voir dans le modèle nu de

L'Atelier et dans Meurent, égérie de Manet, des "*muses inspiratrices*" (comme celles du tableau de la bibliothèque de la Mirandole par exemple) et, peut-être même respectivement pour la femme au bain du *Déjeuner* et Meurent les personnification de Peitho et de la dixième Muse, Pictura. En Ferdinand Leenhoff, beau-frère de Manet, on peut voir le représentant de l'art du sculpteur, à côté de Gustave, frère et d'une certaine façon *alter-ego* du peintre lui-même, et peut-être aussi ici symbole de l'art pictural (Gustave servit de modèle au *Jeune homme en costume de majo*[51] et fit une carrière dans l'administration des beaux-arts[52]).

Voilà comment, dans *Le déjeuner sur l'herbe*, les *Enfants de Vénus* sont explicitement devenus ceux de l'Art (ou, pour mieux dire, de la déesse qui, dans la pensée esthétique moderne, préside à la fois à la Beauté et à l'Art).

Il faut donc considérer *Le déjeuner*

sur l'herbe comme une oeuvre[53] à la gloire des arts plastiques[54] (la référence aux *Enfants de Vénus* intervient dans ce cadre[55]). Le regard appuyé de Meurent et de son compagnon sur le spectateur le prouve, puisque, par cette insistance, Manet met l'accent sur le regard[56] (sens du peintre par excellence, on l'a dit), comme Courbet le faisait déjà dans *L'Atelier*. Ainsi s'explique finalement le tribut, sur lequel s'interroge Damisch, de Manet à ses modèles (Raphaël-Raimondi et Giorgione-Titien).

43

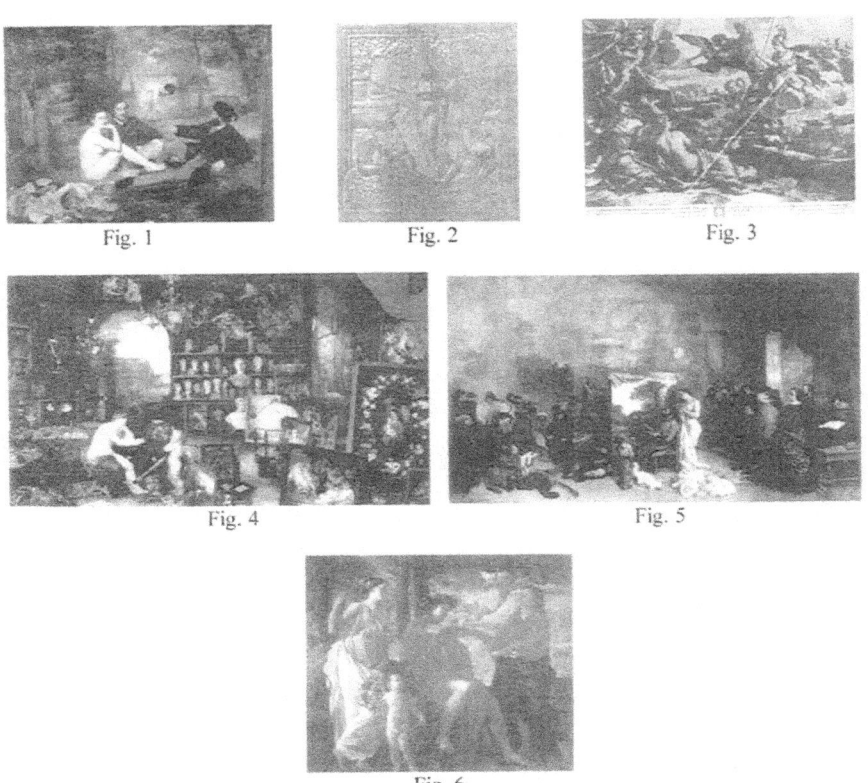

Fig. 1

Fig. 2

Fig. 3

Fig. 4

Fig. 5

Fig. 6

[1]Cité par Claude Frontisi, *Klee - Anatomie d'Aphrodite - Le polyptyque démembré*, Paris, Adam Biro, 1990, p. 5.

[2]Cf. P.G. Hammerton, *"The Salon of 1863"*, *Fine Arts Quarterly Review*, octobre 1963. Dans ses *Souvenirs*, Antonin Proust: *"rapporte que, se trouvant sur les rives de la Seine près d'Argenteuil, tandis qu'il regardait quelques femmes sortant de l'eau, Manet lui déclara: "Il paraît qu'il faut que je fasse un nu. Eh bien, je vais leur en faire un. Quand nous étions à l'atelier, j'ai copié les femmes de Giorgione, les femmes avec les musiciens. Il est noir, ce tableau. Les fonds ont repoussé. Je veux refaire cela et le faire dans la transparence de l'atmosphère, avec des personnes comme celles que nous voyons là-bas. On va m'éreinter. On dira ce qu'on voudra..."*. *Ainsi naquit la toile de Londres, à propos de laquelle on nota bien vite que la présentation des personnages, - Gustave, frère du peintre, le sculpteur hollandais Ferdinand Leenhoff, frère de Suzanne, et une femme, - dérivait du groupe de droite (personnifiant un fleuve) de la gravure de M.A. Raimondi, reproduisant un dessin de Raphaël, le "Jugement de Pâris". Le "concert champêtre" (110x138 cm.), le célèbre tableau du Louvre, de Titien, a également été cité comme source."*, *Tout l'oeuvre peint de Manet*, intro. Denis Rouart, doc. Sandra Orienti, Paris, Flammarion, 1970, p. 92. Il va de soi, en effet, que le *Concert champêtre* (c. 1510) est sans nul doute le tableau auquel Manet, qui en conservait dans son atelier une copie par Fantin-Latour (cf. Hubert Damisch, *Le Jugement de Pâris*, Paris, Flammarion, 1992, p. 53), fait référence dans le propos que nous rapporte Proust. Manet substitua Victorine Meurent au modèle initial, et c'est au premier Salon des Refusés, ouvert le 1er mai 1863, que fut présentée la toile, sous le titre laconique de *Bain* (cf. Rouart et Orienti, p. 92). Exposé entre

Mademoiselle V... en costume d'espada et *Jeune homme en costume de majo* (ce qui valut à Manet certaines comparaisons avec le style de Goya par Thoré-Bürger, *ibid.*), "*"le Bain" composait le panneau central d'une sorte de triptyque où le nu féminin semblait être intégré à une mascarade provocante*" (Eric Darragon, *Manet*, Paris, Librairie Arthème Fayard, 1989, p. 84). Il en existait à l'origine trois ébauches préparatoires: une aquarelle (34x40,5 cm.) conservée, avant la dernière guerre, dans la collection Cassirer à Berlin; l'esquisse à l'huile de Londres (89,5x116 cm.), signée "Home House Trustees", et identifiée comme originale seulement en 1927; enfin une huile sur toile (46x56 cm.) peinte à Saint-Ouen, signée "Wuppertal, Museum van der Heydt", devant servir d'étude pour le fond de la version définitive, et parfois intitulée *La pêche*. A noter que cette dernière oeuvre représente non pas une esquisse de la nymphe à l'arrière-plan de la version définitive du *Déjeuner*, déjà présente dans l'esquisse de Londres, mais un pêcheur dans son canot en train de remonter des filets, ce qui n'est cependant pas du tout contradictoire avec l'importance de la figure féminine se baignant dans la version définitive, avérée ne serait-ce que par le titre initial du *Déjeuner sur l'herbe*. D'autre part, il est fort probable que *La pêche* et *Le déjeuner sur l'herbe* doivent s'intégrer à un groupe plus ample, réalisé contemporainement par le peintre, et qui, inspiré à la fois de Carrache et de Rubens, représente à la manière classique un hommage en gage de fidélité à sa femme, cf. *Manet 1832-1883*, catalogue de l'exposition du Grand Palais (22 avril-1er août 1983), Paris, Ministère de la Culture/Réunion des Musées Nationaux, 1983, pp. 70-75. Sur les autres influences similaires, mais contemporaines de Manet, pour *Le déjeuner sur l'herbe*, comme par exemple Devéria ou Morlon, *ibid.*, pp. 165 à 173.

[3]Ernest Chesneaux, *L'Art et les artistes modernes en France et en Angleterre*, Paris, Didier, 1864, p. 190 note 1.

[4]Cf. Patricia Egan, *"Poesia and the Fête champêtre"*, The *Art Bulletin*, XLI, 1959, pp. 303-313; et Robert Klein, *"La Bibliothèque de la Mirandole et le Concert champêtre de Giorgione"* (article posthume), *Zeischrift für Kunstgeschichte*, XXX, 1967, pp. 199-206, trad. dans Klein, *La forme et l'intelligible*, Paris, Gallimard, 1970, pp. 193-203.

[5]Edgar Wind, *Mystères païens de la Renaissance*, Londres, Faber & Faber, 1958, Paris, Gallimard, 1980, 1992, p. 100. C'est pour cette raison probablement que les Grâces, directement liées dans la pensée moderne aux trois déesses du Jugement de Pâris, peuvent se retrouver exceptionnellement non avec Apollon ou Vénus, mais avec Mercure, car elles doivent être accordées avec mesure, *ibid.*, pp. 96ss., et Jean Seznec, *La survivance des dieux antiques - Essai sur le rôle de la tradition mythologique dans l'humanisme et dans l'art de la Renaissance*, Londres, 1929-1940, Paris, Flammarion, 1993, pp. 353 et 356.

[6]Wind, pp. 291-292. Voir aussi pp. 96ss. et 211. Ainsi que Seznec, pp. 43, 107, 120, 136, 157, 172, 198, 230-232, 240-246, 295-296, 352-358.

[7]Cf. Paul H. Boerlin, *Venus und Amor im Kunstmuseum Basel*, Bâles, Wiese Verlag, 1993, pp. 56-72.

[8]Le fait qu'on puisse trouver saint Antoine indifféremment en butte soit aux Trois Grâces, soit aux déesses du Jugement de Pâris, s'explique plus précisément encore, dans le sens du débat théologique

entre vie active et vie contemplative. En effet, les Trois Grâces (*"Beauté inclin*(ant) *Chasteté à l'Amour"*, Wind, p. 98) ne faisant, pour l'orphisme puis les néoplatoniciens, que déployer de l'unicité de Vénus (Seznec, p. 136), elles s'associent communément à leur déesse tutélaire (*ibid.*, par ex. pp. 232-246), et peuvent également se retrouver accompagnées de Mercure en tant que symbole de la Concorde (*ibid.*, pp. 352 et 356). Or les déesses du Jugement de Pâris symbolisent respectivement, comme les Grâces, pour l'iconographie et la pensée de la Renaissance, les trois types de vies (la *"triplex vita"*): active, contemplative, et amoureuse, et le choix de Pâris est le premier pas vers l'apparition de la Concorde dans la discorde, qui conseille en un discours moral, même si dialectique, parfaitement organisé, au héros *"de suivre une ligne d'action revenant à subordonner son plaisir à ses devoirs"* (*ibid.*, p. 107; et Wind, pp. 96-100, 211, 272 et 291-292).

[9]Wind, pp. 96-97.

[10]*Ibid.*, p. 96.

[11]*Ibid.*, p. 289.

[12]Damisch, pp. 117-118 et 123.

[13]Ainsi qu'au XXème siècle.

[14]Thème récurrent dans l'oeuvre de Manet, cf. *Manet 1832-1883*, comme chez la plupart des artistes modernes, sans doute justement, comme on va le voir, pour son fort symbolisme latent, cf. Fritz Saxl, *La vida de las imágenes*, Madrid, Alianza, 1989, pp. 195 à 205.

[15]Cf. note 1 *supra*.

[16]En effet, que nous montre la toile? Trois jeunes gens, deux hommes en habits d'étudiant ("*étudiants en béret et*

paletot" écrira par exemple Chesneau, cité par Darragon, p. 85) et une jeune femme nue (Victorine Meurent), allongés sur l'herbe, avec sur la gauche au premier plan les reliefs d'un repas qui forme une superbe nature morte, et dans le fond une autre jeune femme, dont la jupe est relevée à mi-jambe, en train de se baigner et peut-être de pêcher dans un décor plus sylvestre que champêtre. Ce travestissement d'un épisode mythologique (le *Jugement de Pâris* d'après Raphaël) en scène de genre, moderne et d'autant plus provocante qu'elle évoque manifestement une partie de campagne (une "*partie carrée*" comme la nommait ironiquement Manet lui-même, cité par Damisch, p. 61) entre deux étudiants et quelque demoiselle facile (L. Etienne, *Le Jury et les Exposants*), a fort justement conduit Darragon à identifier *Le déjeuner* à une "*blague*", "*la grande forme moderne, impie et charivarique, du doute universel et du pyrrhonisme national; la Blague du XIXème siècle, cette grande démolisseuse, cette grande révolutionnaire, l'empoisonneuse de la foi, la tueuse de respect... la Blague, qui est l'effrayant mot pour rire des révolutions*" (Jules et Edmond de Goncourt, *Manette Salomon*, 1864-1866, chap. VII, cités par Darragon, p. 86). C'est ainsi que "*Le journaliste de "la France" ne manque pas l'occasion pour souligner que "le Bain" est parfaitement à sa place au Salon des Refusés parce qu'il exprime de manière objective un refus, celui de l'idéal*" (*ibid.*, p. 87*)*. Hubert Damisch, qui trouve déjà l'expression de ce choix dans les trois portes (au niveau symbolique, les trois formes de vie) qui s'ouvrent devant Polyphile dans l'*Hypnerotomachia* (1499) de Francesco Colonna, et dont l'une n'est autre que celle de la *Mater Amoris*, Damisch, p. 123, montre bien que la référence implicite de Manet au thème du

Jugement de Pâris atteste une forme très nette d'arbitraire: *"Dans la liste qu'il a dressée des triades sororales associées au thème du choix, Freud, s'il fait la part belle aux déesses du destin, a curieusement ignoré les trois Grâces. La raison en est, bien sûr, qu'entre celles-ci le choix ne semblait pas de mise avant que l'exégèse néo-platonicienne n'y mette bon ordre et ne veuille que, à l'intérieur de ce qui se présentait à l'origine sous les dehors d'une triade indifférenciée, le plaisir (la "voluptas") l'emporte, aux yeux de l'amour, sur la beauté. Mais le plus remarquable dans la référence humaniste au jugement de Pâris réside, à l'inverse, dans l'élimination, ou pour mieux dire le refus du thème du choix, alors que persistait le schème trinitaire."*, *ibid.*, p. 117.

[17]Il convient à présent de s'arrêter une nouvelle fois sur les différents motifs du *Déjeuner sur l'herbe*. Ils sont en effet très symptomatiques: la scène de bain en arrière-fond, avec au premier plan l'évocation (plus que la représentation à proprement parler) de jeux amoureux, tout cela dans une nature luxuriante et avec, étalés sur le devant du tableau, les reliefs d'un joyeux pique-nique qui annonce déjà les impressionnistes et leurs représentations de parties de campagne. Mais, plus profondément, il nous semble qu'il faut mettre en relation cette organisation de l'espace avec *Le concert champêtre*. Si les personnages n'y ont pas les mêmes poses, *Le concert champêtre* évoque pareillement les ébats amoureux dans un cadre agreste, avec au premier plan une naïade versant de l'eau dans un bassin en pierre. On a beaucoup discuter sur l'attribution de cette oeuvre. Certains l'attribuent à Giorgione, d'autres à Titien. Ce qui la distingue du *Déjeuner sur l'herbe*, c'est avant tout le fait que l'artiste

nous montre un concert et non pas un pique-nique, ce qui n'est pas sans importance. Pas moins importante est l'attribution du *Concert champêtre* à Giorgione ou Titien. Il n'est pas de notre propos d'entrer dans un débat théorique. Il est convenu aujourd'hui de considérer que, si Giorgione a commencer l'oeuvre, la touche finale en revient à Titien (Klein, *La forme et l'intelligible*, pp. 202-203). On notera donc que la figure féminine debout, une cruche à la main, est le prototype évident des personnages de *L'Amour sacré et l'Amour profane* (c. 1515) de Titien. Or, dans sa savante analyse des sources néo-platoniciennes de *L'Amour sacré et l'Amour profane*, Erwin Panofsky, *Le Titien - Questions d'iconologie*, Paris, Hazan, 1989, chap. V "*Réflexions sur l'amour et la beauté*", pp. 162 à 199, montre sans conteste possible que les deux femmes y sont les personnifications de la Vénus céleste et de la Vénus terrestre, et que par conséquent le tableau est une allégorie de l'*Amor dei* et de l'*Amor humanus*. Si l'on se reporte alors au *Concert champêtre*, on s'aperçoit cette fois que les instruments dont jouent les musiciens, à savoir la mandoline et la flûte, sont traditionnellement associés à Vénus (*Ibid.*; et Gwendolyn Trottein, *Les enfants de Vénus*, Paris, Ed. de la Lagune, 1993). Manet réutilise le symbole des instruments de musique et du chapeau, associé à la représentation d'un petit cadre, du rideau (symbole de l'art théâtral en particulier, et ici de l'art en général) et au personnage de la Commedia dell'Arte - qui renvoie à la préoccupation spéculaire, propre de l'époque, de l'artiste pour la vie de Bohème - , dans le frontispice de son recueil d'eaux fortes, cf. *Manet 1832-1883*, pp. 136 à 145). Comme dans *Le déjeuner sur l'herbe*, *Le concert champêtre* représente donc deux jeunes gens en costume en compagnie de deux femmes nues, dont une est assise à leurs côtés. Récapitulons les différents points sur lesquels nous venons de nous attarder: 1°/ *Le déjeuner* montre une scène d'un érotisme atténué, ainsi que les reliefs d'un repas et une scène de baignade de type très nettement vénusien en arrière-fond; 2°/ Les deux scènes sont, apparemment, très clairement distinguées, par une différence de colorisation entre la partie haute et la partie basse du tableau; 3°/ La même structure (deux jeunes gens assis à côté d'une femme nue, pendant qu'une autre s'occupe à des jeux d'eau) se retrouve dans *Le concert champêtre*, la seule différence étant que les jeunes gens sont représentés jouant de la musique; 4°/ La structure du *Concert champêtre* évoque le symbolisme amoureux et vénusien de *L'Amour sacré et l'Amour profane*, que Panofsky ré-identifie très justement comme étant *L'Amour divin et l'Amour humain*. On a vu que la question des "*deux Vénus*" (Panofsky, pp. 162 à 199) rejaillissait déjà dans le choix du thème du Jugement de Pâris par Manet. On ne sera donc pas plus étonné de constater que les motifs présents dans *Le déjeuner* comme dans *Le concert* sont ceux, traditionnels, de l'iconographie des *Enfants de Vénus*, très en vogue à la Renaissance (cf. Trottein). En effet, le bain, lieu de débauche à la fin du Moyen Age(cf. par ex. *Communications, 35 - Sexualités occidentales*, sous la dir. de Philippe Ariès et André Béjin, Paris, Seuil, 1982), comme les scènes de "*luxure*", entrèrent tout naturellement dans la représentation des *Enfants* de la déesse de l'Amour. De plus, on connaît le symbolisme maternel, et par là maritime, de Vénus, divinité chthonienne de l'eau et de la fertilité. Rien d'étonnant donc à voir resurgir dans son iconographie le motif de la "*Fontaine de Jouvence*". Le thème des musiciens semble, quant à lui, dériver de celui de la danse "*de moresques*", étroitement lié à la figure de Vénus, lors de la fête de Mai. Les noceurs, pendant qu'ils s'y adonnaient aux plaisirs de la chair, consommaient aussi immodérément nourriture et boissons (Trottein, par ex. pp. 64 à 81). Ainsi ces "*beuveries*" sont-elles rappelées dans nombre de manuscrits (*ibid.*, par ex. p. 64 et fig. 79 p. 177), le banquet complétant parfaitement l'évocation des plaisirs terrestres. Ajoutons que la présence du rouge-gorge et celle des violettes mettent aussi la scène de prostitution en plein air du *Déjeuner sur l'herbe* sous les hospices de la déesse de l'Amour (les fleurs et les oiseaux étant des symboles vénusiens, *ibid.*, passim, comme d'ailleurs la prostitution était dans l'Antiquité l'activité rituelle des prêtresses de Vénus, cf. par ex. Lolita Pacreau, "*Aphrodite, protège nos amours!*", *Notre Histoire*, n° 69, juil.-août 1990, pp. 16 à 21). A ce propos, "*les fleurs appartenant à l'Espoir car elles sont "l'attente du fruit"*" (Panofsky, p. 188) dans certaines *Allégories de la Foi conjugale* de la Renaissance, on peut en déduire que, dans *Le déjeuner sur l'herbe*, les fruits répandus, qui évoquent la fin d'un repas, symbolisent par là même l'amour consommé (de plus, les fruits rouges - en l'occurrence des cerises - et les pêches sont respectivement les symboles traditionnels de la fécondité et du péché de chair). On notera à ce propos que, ce qui confirme notre interprétation, certaines *Allégories de l'Amour fidèle* médiévales sont iconographiquement très proches du *Déjeuner* de Manet. Faut-il considérer comme un hasard la présence d'une guitare et d'une flûte, ainsi que celle d'un joueur de violon, dans *L'Atelier* de Courbet? Est-ce une référence précise aux plaisirs vénusiens? Quoiqu'il en soit, s'inspirant du thème mythologique du Jugement de Pâris et du *Concert champêtre*, qui est une représentation des *Enfants de Vénus* selon le modèle de l'iconographie classique, Manet a su en tirer les conséquences. Son *Déjeuner sur l'herbe*, ou pour mieux dire son *Bain*, n'est lui-même rien d'autre qu'une représentation moderne des *Enfants de Vénus*. La comparaison très précise de la toile avec, par exemple, un relief en pierre de Loy Hering, représentant *Le Jardin d'Amour* ou *Liebesgarten* (fig. 3 *infra*), achèvera de nous en convaincre, d'autant que, comme le précise Raimond Van Marle, *Iconographie de l'Art profane et la décoration des demeures*, La Haye, Martinus Nijhoff, 1932, t. II, p. 428, les *Jardins d'Amour* évoquent en fait "*Le Jardin de l'Amour humain*". En effet, comment ne pas voir dans ces *Jardins d'Amour*, où s'ébattent les *Enfants de Vénus*, une déclinaison sans cesse répétée du "*Jardin des délices terrestres*"(selon le titre donné au triptyque du *Jardin des délices* de Jérôme Bosch dans le catalogue de l'Escurial de Poleró, cité dans *Tout l'oeuvre peint de Jérôme Bosch*, intro. Max J. Friedländer, doc. Mia Cinotti, Paris, Flammarion, 1967, p. 99; on notera avec non moins d'intérêt qu'un autre nom donné au triptyque par "*les anciens écrivains espagnols*" est "*La Luxure*", *ibid*.), autrement dit de l'*Hortus deliciarum* tel que nous le dépeignait déjà Jérôme Bosch dans la grandiose partie centrale de son fameux triptyque de 1503-1504 (*ibid.*, pp. 99 à 102)? Voici finalement posé que *Le déjeuner sur l'herbe* n'est qu'une reprise moderne du thème classique des *Enfants de Vénus*, évocation gaillarde de la "*Luxure*" et des plaisirs terrestres (ne serait-ce que par l'évocation de la prostitution et des bains). En effet, tout permet d'affirmer que Manet, peintre amoureux de l'art classique comme en témoigne l'*Olympia* (1865), qui elle-même est une imitation moderne de la *Vénus d'Urbino* (1538) du Titien(qui à son tour s'est inspiré du thème des *Enfants de Vénus* pour sa *Vénus et l'amour avec un joueur d'orgue*, 1550, fig. 7 dans Maurice Guillaud et Pascal Bonafoux, *La Femme chez Titien*, New York et Paris, Guillaud Ed., 1990, dont le type allongé - référence à Vénus, déesse lascive - reprend exactement celui de la *Vénus d'Urbino*. Il y aurait sans doute beaucoup à dire sur la récurrence de cette figure allongée dans les personnages féminins du Titien, cf. par ex. fig. 6 à 11 *in ibid.*, toutes semblant explicitement renvoyer à cette vision-divinisation à la fois univoque - toutes les femmes représentant la Femme - et complexe - la Femme étant à la fois la génitrice et la mortelle, Vénus et Eve - de la féminité à la Renaissance, cf. notamment à ce propos Sara F. Matthews Grieco, *Ange ou Diablesse - La représentation de la femme au XVIème siècle*, Paris, Flammarion, 1991, ainsi que le symbolisme des Grâces comme déploiement de l'unicité de Vénus, cf. Wind, pp. 96ss.), a sciemment reproduit dans *Le Bain* (dont le titre révèle l'emprunt au registre de l'iconographie moderne) un schéma classique. Nous avons évoqué ce qui nous apparaît être un découpage du *Déjeuner sur l'herbe* par Manet en deux parties bien distinctes. Dans un premier temps, nous venons de voir que cela marque une insistance sur le caractère vénusien et libertin de l'oeuvre.

[18]Il nous semble trouver une source à l'allégorie vénusienne de l'Art qu'est *Le déjeuner sur l'herbe* dans les poèmes IV "*Correspondances*" et V des *Fleurs du Mal* de Baudelaire (les thèses de Baudelaire dans *L'Art romantique*, qui invitait les artistes à reproduire dans leurs oeuvres ce qui faisait l'essence même de la vie moderne, ayant par ailleurs influencé la version du *Déjeuner sur l'herbe* de 1866 par Claude Monet, que Courbet critiqua, ce qui lui aurait valu d'être caricaturé par l'artiste, remplaçant dans le panneau central de la version finale le jeune homme assis de l'ébauche sur huile de 1865, cf. Jude Welton, *Claude Monet*, Paris, Gallimard, 1993, pp. 12-13, mais peut-être faut-il aussi voir là le tribut final, même comique et revanchard, de Monet à *L'Atelier* de Courbet?). Là en effet, Baudelaire oppose un Age d'Or de la Nature, de type explicitement vénusien (référence aux instruments de musique, aux oiseaux et aux fleurs, la figure vénusienne, au travers des miroirs, des instruments de musique, de l'évocation du printemps, de l'éloge répété de la prostitution, de l'association entre la Mort et la Luxure, et du sentiment divinisé de la Nature, est même au centre de l'oeuvre, ce "naturalisme" se retrouve chez la plupart des poètes de la fin du siècle, tel Verlaine), à l'époque moderne, décrépite et sophistiquée à outrance. Or, comme Baudelaire se plaint que "*le Poète*" doive décrire le "*froid ténébreux*" de "*ce noir tableau plein d'épouvantement*" du monde actuel au lieu des ébats nus dans les "*forêts de symboles*" des premiers âges vénusiens (ceux de "*Cybèle*", figure mythologique récurrente dans *Les Fleurs du Mal*, en tant que symbole de la Nature, on notera qu'elle

apparaît ici clairement comme une divinité zodiacale "*Abreuva*(n)*t l'univers*", à l'instar de la Vénus de l'iconographie traditionnelle des *Enfants de Vénus*, cf. Trottein, il peut donc y avoir une donnée supplémentaire qui orienta le choix de Manet de représenter une allégorie au symbolisme d'origine planétaire), Manet, comme on l'a vu, affirmera ostensiblement vouloir rénover le sentiment moderne en transformant le "*tableau*" "*noir*" de Giorgione en une "*transparence de l'atmosphère*", par une peinture vivante du plaisir heureux de ses contemporains (Darragon, chap. II, pp. 39 à 65, s'est lui-même longuement attardé sur l'importance pour Manet de la relation qui s'établit entre lui et Baudelaire). Baudelaire écrit: "*IV - Correspondances: La Nature est un temple où de vivants piliers/ Laissent parfois sortir de confuses paroles;/ L'homme y passe à travers des forêts de symboles/ Qui l'observent avec des regards familiers./ Comme de longs échos qui de loin se confondent/ Dans une ténébreuse et profonde unité,/ Vaste comme la nuit et comme la clarté,/ Les parfums, les couleurs et les sons se répondent./ Il est des parfums frais comme des chairs d'enfants,/ Doux comme les hautbois, verts comme les prairies,/ - Et d'autres, corrompus, riches et triomphants,/ Ayant l'expansion des choses infinies,/ Comme l'ambre, le musc, le benjoin et l'encens,/ Qui chantent les transports de l'esprit et des sens.*"; "*V: J'aime le souvenir de ces époques nues,/ Dont Phoebus se plaisait à dorer les statues./ Alors l'homme et la femme en leur agilité/ Jouissaient sans mensonge et sans anxiété,/ Et, le ciel amoureux leur caressant l'échine,/ Exerçaient la santé de leur noble machine./ Cybèle alors, fertile en produits généreux,/ Ne trouvait point ses fils un poids trop onéreux,/ Mais, louve au coeur gonflé de tendresses communes,/ Abreuvait l'univers à ses tétines brunes./ L'homme, élégant, robuste et fort, avait le droit/ D'être fier des beautés qui le nommaient leur roi;/ Fruits purs de tout outrage et vierges de gerçures,/ Dont la chair lisse et ferme appelait les morsures!/ Le Poète aujourd'hui, quand il veut concevoir/ Ces natives grandeurs, aux lieux où se font voir/ La nudité de l'homme et celle de la femme,/ Sent un froid ténébreux envelopper son âme/ Devant le noir tableau plein d'épouvantement./ O monstruosités pleurant leur vêtement!/ O ridicules troncs! torses dignes des masques!/ O pauvres corps tordus, maigres, ventrus ou flasques,/ Que le dieu de l'Utile, implacable et serein,/ Enfants, emmaillota dans ses langes d'airain!/ Et vous, femmes, hélas! pâles comme des cierges,/ Que ronge et que nourrit la débauche, et vous, vierges,/ Du vice maternel traînant l'hérédité/ Et toutes les hideurs de la fécondité!/ Nous avons, il est vrai, nations corrompues,/ Aux peuples anciens des beautés inconnus:/ Des visages rongés par les chancres du coeur,/ Et comme qui dirait des beautés de langueur;/ Mais ces inventions de nos muses tardives/ N'empêcheront jamais les races maladives/ De rendre à la jeunesse un hommage profond,/ - A la sainte jeunesse, à l'air simple, au doux front,/ A l'oeil limpide et clair ainsi qu'une eau courante,/ Et qui va répandant sur tout, insouciante/ Comme l'azur du ciel, les oiseaux et les fleurs,/ Ses parfums, ses chansons et ses douces chaleurs!"* Baudelaire, *OEuvres complètes*, éd. de Claude Pichois, Paris, Gallimard, 1975, 4 vol., t. I, pp. 11-12. Notre propos ne sera évidemment pas d'ouvrir une nouvelle fois la question complexe des sources et de la datation des deux poèmes. Nous nous tiendrons ici à une analyse du poème comme élément à notre dossier sur *Le déjeuner* de Manet. Aussi que Baudelaire s'inpirât d'un modèle ou qu'il ne fasse que reproduire inconsciemment des représentations collectives (bien que cette hypothèse soit la moins probable) ne nous intéresse pas directement. Nous considérons simplement que, les exégètes s'y accordent, ses deux poèmes évoquent, comme antérieurement les oeuvres des néo-platoniciens et de leurs successeurs (artistes, écrivains, philosophes ou amateurs), une assimilation entre Dieu, l'homme et la Nature, cette dernière symbolisant "*le temple d'Isis. La forêt lui* (à Baudelaire) *sembl*(ant) *"une grande église"* où *l'arbre* "*parle à l'âme des poètes*" *("Les Chants", 1841)*", selon les principes de "*La Triple Harmonie*", dont nous parlerons notes 80 à 87ss. et texte correspondant *infra*, et célébrée en 1845 par Eliphas Lévi, *ibid.*, pp. 839 à 850, notamment pp. 840ss. Peu importe à vrai dire que le texte de Baudelaire, également auteur d'un poème sur *Lola de Valence*, *ibid.*, p. 168, ait directement inspiré Manet, puisque les poèmes IV et V des *Fleurs du Mal* et *Le déjeuner sur l'herbe* dérivent bien, on le voit, d'un même courant de pensée réaliste (comme en témoigne la deuxième strophe du poème V), qu'on retrouve encore par exemple dans le poème "*L'art et le peuple*" (6 novembre 1851) des *Châtiments* (1853) de Victor Hugo, *OEuvres complètes*, Paris, Robert Laffont S.A., 1985, *Poésie II*, pp. 32-33, ou dans les écrits de Cézanne (importance accordée à la copie fidèle de la nature, identification entre celle-ci et la "*grazia*" du peintre). Cependant, il est frappant de constater qu'on voit déjà se mettre en place dans les vers de Baudelaire la structure générale du *Déjeuner* (décor sylvestre et printanier, nudité des corps, érotisme lascif et latent mis en scène à la fois par la belle et pulpeuse nudité de Meurent et par la représentation de fruits aphrodisiaques par excellence - les pêches et les cerises -, correspondance attestée entre les sens et l'art qui en est le révélateur privilégié, thème maternel de l'eau et du bain, apologie de la jeunesse, encore une fois symbole, par ailleurs classique, de cet Age d'Or de type explicitement vénusien), structure explicitement définie ici comme un "*hommage profond*" à l'Art (en l'occurrence du Poète, mais chez Manet du Peintre) et à ses "*muses tardives*" (du siècle), cf. Baudelaire-Pichois, cf. le commentaire des poèmes, pp. 839 à 850. Cette correspondance entre la Nature et l'art du poète, véritable acte de foi réaliste, est récurrente dans la poésie de Baudelaire, *ibid.*, passim. Chez Baudelaire comme chez Manet, la représentation de l'Age d'Or (autrement dit des *Enfants de Vénus*, de l'*Hortus deliciarum*, ou encore du "*Jardin des plaisirs terrestres*" - voire de "*la Luxure*", si chère aux romantiques -) sert donc l'allégorie de l'Art, comme c'était déjà le cas chez les poètes de la Renaissance, cf. Guy Demerson, "*Le mythe des âges et la conception de l'ordre dans le lyrisme de la Pléiade*", *Humanism in France at the end of the Middle Ages and in the early Renaissance*, éd. A.H.T. Levi, Manchester University Press, New York, Barnes & Noble Inc., 1970, pp. 271 à 294. Cependant, bien sûr, l'aspect plus directement politique que cette allégorie avait prise à l'époque est ici gommé, et complètement remplacé par le thème, peut-être un peu plus secondaire à la Renaissance, *ibid.*, pp. 278ss., de l'adéquation entre la prospérité des premiers âges de l'humanité et le développement subséquent des beaux-arts dans ce contexte édénique. En effet, c'est bien dans l'iconographie moderne que ce met en place le type de Vénus nue du *Déjeuner*, figure de la Nature, cf. Panofsky, *Le Titien*, pp. 164 à 168. Or si Manet choisit délibérément de transformer les dieux de Raphaël en humains en costume contemporain et de leur accoler une femme-déesse ou nymphe dénudée, c'est qu'il entend très explicitement, cf. note 1 *supra*, opposer par là, comme Baudelaire, l'art classique, contaminé par les poses et les affects, et l'art moderne, tout entier voué à l'humain et à sa plastique. Ce discours humaniste (au sens historique du terme) reprend la classification habituelle, qui va de Lucien (*De imaginibus*, XIII) et de Pline (souvent cité à la Renaissance) jusqu'à Leon Battista Alberti (*De re aedificatoria*, 1452, IX, 5) et Scipione Francusi (*Galleria del Illustrissimo Signore Scipione Cardinale Borghese*, 1613, § 166), pour laquelle la Vénus nue, "*grâce innée*" ou "*Beltà disornata*", est supérieure à la Vénus ornée ou "*Beltà ornata*", Panofsky, *Essais d'iconologie - Thèmes humanistes dans l'art de la Renaissance*, Paris, Gallimard, 1967, note 1 p. 233; *Le Titien*, pp. 166-167ss.. C'est bien ce que sous-entend le texte de Baudelaire, aussi bien que le mot prêté par Proust à Manet. Baudelaire, lorsqu'il parle "*des parfums frais comme des chairs d'enfants, / Doux comme les hautbois, verts comme les prairies, / - Et d'autres, corrompus, riches et triomphants, / Ayant l'expansion des choses infinies, / Comme l'ambre, le musc, le benjoin et l'encens, / Qui chantent les transports de l'esprit et des sens*", non seulement nous évoque personnellement l'opposition entre les deux parties, délimités par les teintes différentes de vert, auxquels nous avons déjà fait référence, du *Déjeuner sur l'herbe*, mais surtout s'inspire plus positivement d'un texte d'Alfred de Vigny vantant le langage de Chatterton, "*retentissante comme un clairon, fraîche et énergique comme un hautbois, avec quelque chose de sauvage et d'agreste qui rappelle la montagne et la cornemuse du pâtre saxon*", cité dans Baudelaire-Pichois, commentaire p.

846. Or cette insistance sur les instruments à vent renvoie directement à la classification de la musique selon saint Augustin en *"harmonica" (voix humaine), "organica" (instruments à vent), "rythmica" (percussion et instruments à cordes), ces derniers joués naturellement avec les doigts ou le plectre, non avec l'archet"*, Klein, p. 198. Dans cette classification, qui a directement inspiré *Le concert champêtre*, *"Luth, chant, flûte forment un ensemble plein de sens, on devrait dire une véritable trinité dans laquelle la voix humaine forme le lien, comme la poésie entre l'Héroïque et l'Erotique"*, *ibid*. Cf. aussi sur l'origine de cette conception symbolique de la musique - et des arts plastiques en général, comme le montre la reprise du thème par Giorgione aussi bien que par Courbet - et de leur lien aux divisions rhétoriques de l'art littéraire. Chez Vigny et Baudelaire, *"l'Erotique"* (les instruments à vent) l'emporte, conformément aux principes romantiques, sur *"l'Héroïque"*, alors que c'est, par exemple, le contraire dans *Le concert champêtre*, *ibid.*, p. 199. On retrouve l'association de ces deux éléments (les cordes et la flûte) dans *L'Atelier* de Courbet qui, en représentant Baudelaire lisant, cherche visiblement à recréer, de manière parodique (et apologétique pour la peinture), la correspondance classique entre les arts du peintre et de l'écrivain, en additionnant dans *L'Atelier*, *"allégorie réelle"* de la peinture - cette *"muta poesia"* (ou *"poésie muette"*) -, les références au son, jusqu'à représenter, comme on l'a vu, un personnage se bouchant les oreilles! A un niveau plus général, cette association dans *L'Atelier* de la peinture, de la littérature (Baudelaire) et de la musique, met en scène les trois arts propres à Vénus, déesse, encore une fois, de *"la grâce* (la *"grazia"*, c'est-à-dire l'art du peintre, *ibid.*,

pp. 182-183), (de) *la poésie et* (de) *la musique*" selon Ficin. Ainsi, Courbet propose une allégorie de la peinture (dont l'iconographie s'inspire directement de celles par exemple de l'Ecole de Prague, cf. Dacosta Kaufmann, fig. p. 157, dont on sait l'influence sur le Caravage, les Carrache, Rubens ou encore sur Rembrandt, cf. Dacosta Kaufmann, pp. 147 à 165) comme art libéral (ce qui, là aussi, était une forme de défense des arts plastiques - et plus particulièrement de la peinture - habituel dans les allégories de l'Ecole de Prague, *ibid.*, pp. 137ss. -). Ainsi, le modèle de ces allégories de la peinture de l'Ecole de Prague, représentant un peintre à l'oeuvre - modèle dont s'est visiblement inspiré Courbet -, se retrouvent quasiment trait pour trait dans les productions de certains artistes hollandais lors de leur voyage en Italie, cf. *Fiaminghi a Roma 1508/1608 - Artistes des Pays-Bas et de la Principauté de Liège à Rome à la Renaissance*, collectif, Société des Expositions du Palais des Beaux Arts de Bruxelles et Snoeck-Ducaju & Zoon, 1995. On notera que le type iconographique, qu'on retrouve dans *L'Atelier* de Courbet, de la Peinture personnifiée en train de peindre à son chevalet, se rencontre aussi dans le plus célèbre recueil d'emblèmes du XVIIIème siècle français Cochin et Gravelot, *Iconologie ou Traité des Allégories - Emblèmes*, Bordeaux et Paris, Lattré (graveur), sans date d'édition, 4 vol., t. IV, p. 7, ce qui, bien que parmi d'autres probablement (on l'a dit, ce type iconographique se répandit largement à la période moderne, sans doute grâce au nouveau statut du peintre, reconnu comme art libéral depuis Léonard de Vinci et Michel-Ange, cf. particulièrement à ce propos Anthony Blunt, *La théorie des arts en Italie 1450-1600*,

Paris, René Julliard, 1962, notamment chap. II à V, pp. 41 à 116), a donc pu être une source d'inspiration directe pour Courbet. D'autant que le recueil de Cochin et Gravelot, p. 81, représente également, un peu plus loin dans le même volume, la personnification de la Sculpture à l'oeuvre, en train de réaliser une statue. De fait, notre interprétation se trouve confortée par le fait que, sous l'opposition entre le monde bourgeois et les pauvres à gauche (ce qui en 1977 a amené Hélène Toussaint à une pertinente interprétation de *L'Atelier* comme critique du gouvernement de Napoléon III et oeuvre maçonnique, cf. Bruno Foucart, *Courbet*, Paris, Flammarion, 1995, pp. 53 à 55), plusieurs critiques ont déjà relevé le caractère de "panthéon" (au sens raphaélique) de *L'Atelier* (Champfleury y symboliserait ainsi la Prose, Baudelaire la Poésie, Proudhon la philosophie, *ibid.*, p. 53). Nous insistons sur le fait que, en suivant la démonstration de Hélène Toussaint, *L'Atelier* conformerait de toute évidence l'image du panthéon personnel du peintre, dans lequel il aurait mis, divinités tutélaires de la nouvelle théologie du siècle: la politique, à côté des symboles de son suprême art, les personnages qu'il considérait comme représentatifs de son époque. Plus généralement, l'"*Art académique*" (représenté par le Saint Sébastien) s'y opposerait à l'"*Art personnel et réaliste*" de Courbet (représenté par son autoportrait en train de peindre et le grand panorama d'arbres dans le fond). C'est ce que confirme le sous-titre du tableau, dans lequel Courbet explique, comme nous l'avons dit, qu'il s'agit d'une "*allégorie réelle*" et d'un résumé de la réflexion esthétique qu'il développa pendant les sept années précédentes (depuis 1848), Courthion, *Tout l'oeuvre peint de Courbet*, Paris, Flammarion, 1995, pp. 81-82. On l'a dit, la version définitive du *Concert champêtre* par Titien préfigure *L'Amour divin et l'Amour profane*. Dans la version originale par Giorgione, la nymphe versant de l'eau était tournée vers les musiciens. Elle reprenait de la sorte le modèle de "*Peitho, déesse de la Persuasion,* (qui, auprès de Poésie, d'Apollon et des Muses,) *tend aux chanteurs de l'eau puisée à la fontaine des Grâces*", Klein, p. 196, modèle de *L'Allégorie de l'art poétique*, peinture aujourd'hui disparue, qui décorait la bibliothèque de la famille de Pic de la Mirandole, mais dont la description par Giglio Gregorio Giraldi (*Historia poetarum... dialogui decem*, Bâle, 1545) nous est conservée, *ibid.*, pp. 193ss. Il est difficile cependant de dire si, chez Giorgione, la femme à la cruche représente Peitho ou "*Peitho-Poesia*", *ibid.*, pp. 197 et 199 à 201, mais, le fait qu'elle ait été tournée vers les musiciens, faisait d'elle et de sa compagne "*deux nymphes ou muses inspiratrices*", *ibid.*, pp. 197-198. Bien qu'elle ne fut identifiée dans *Le concert champêtre* qu'assez récemment, par Philipp Fehl ("*The Hidden Genre: A study of the Concert Champêtre in the Louvre*", *Journal of Aesthetics and Art Criticism*, XVI, 1957, 2, pp. 135 à 159), puis par Patricia Egan ("*Poesia and the Fête champêtre*", *The Art Bulletin*, XLI, 1959, pp. 303 à 312) et Klein ("*La bibliothèque de La Mirandole et Le concert champêtre de Giorgione*", *Zeitschrift für Kunstgeschichte*, XXX, 1967, pp. 199 à 206), cf. les notes de la p. 193 *in ibid.*, cette allégorie de l'art poétique, sous l'aspect d'une personnification féminine (plus ou moins explicitement identifiée à Vénus elle-même, comme c'est justement le cas chez Horace, Pierre de Ronsard ou Lord Byron par ex.) dans un décor pastoral situé au bord de l'eau, n'a néanmoins rien de mystérieux. Horace (*Odes XXVI*, *XXX* et *XXXII* du *Livre premier*, et *Ode XXVI* du *Livre deuxième*) ou Ronsard (*Ode XXII* du *Premier Livre*, *Ode II* du *Second Livre*, *Ode VIII* du *Troisiesme Livre*, et *Ode XVIII* du *Quatriesme Livre* des *Odes* de 1550-1556) par exemple y font souvent référence (cf. Horace, *OEuvres complètes*, Paris, Garnier Frères, 1883, pp. 29, 33-34, et 102, ainsi que Ronsard, *OEuvres complètes*, éd. de Gustave Cohen, Paris, Gallimard, 1950, 2 vol., t. I, pp. 427 à 430, 433 à 435, 498-499 et 557-558. Cf. encore par ex. le début du "*Chant II*" et du "*Chant III*" de *L'Art poétique* (1674) de Nicolas Boileau, *OEuvres complètes*, éd. de Françoise Escal, Paris, Gallimard, 1979, pp. 163 à 179), et on la rencontre encore dans la fameuse suite des *Tarocchi* (Ferrare, c. 1468) d'Andrea Mantegna, cf. Klein, note 2 p. 193, ainsi que dans *L'Allégorie de la Poésie*, offerte à Isabelle d'Este par Lorenzo Costa, et visible (par Manet notamment) au Louvre, *ibid.*, pp. 196ss. et ill. 4 et 5 de l'encart central, pp. 252-253. On aurait mauvaise volonté à ne pas y comparer (et même sans doute y voir une référence directe dans) la nymphe recueillant dans sa main l'eau (de la fontaine des Grâces?), à l'arrière-plan du *Déjeuner*. Sa présence est un élément crucial en tant que preuve de la ré-interprétation *consciente* du thème de l'allégorie de l'art au travers de la figure de Peitho par Manet. On aurait donc d'autant plus mauvaise volonté à ne pas tenir compte dans *Le déjeuner sur l'herbe* de ce personnage, pourtant au second plan - mais mis en relief par sa position centrale - que le type classique de Peitho-Poésie est littéralement contaminé par les motifs de l'iconographie de Vénus, dont on a vu que Manet s'inspirait très clairement. Non seulement la fontaine des trois Grâces (Chasteté, Beauté, Amour) est un cadre qui, comme cela est très net dans les *Tarocchi* de Mantegna, rappelle beaucoup celui des jeux d'eau où s'ébrouent les *Enfants de Vénus* (d'autant que l'iconographie de *L'Amour divin et l'Amour humain* semble bien reprendre celle de *La Nature et la Grâce divine à la fontaine de vie*, cf. Panofsky, *Le Titien*, fig. 112 p. 166, rapport d'une part entre la Beauté, l'Art et Vénus, et d'autre part le caractère "naturel", édénique de la scène représentée par Manet, en référence probablement justement à une évocation néo-ficinienne de Vénus comme déesse de la Pureté et de la Beauté spirituelle, ce qui expliquerait par ailleurs la contamination thématique chez Manet entre la Vénus terrestre, déesse de la vue et de l'ouïe, et la Vénus céleste, traditionnellement nue car, comme l'écrivaient par ex. Leone Battista Alberti ou Scipione Francusi, elle est pure, "*beauté authentique, innée*" sans "*ornement* (et) *qui* (donc ne) *sent* (pas) *l'accessoire*", "*pauvre en or mais riche en grâce innée*", cf. Panofsky, *ibid.*, pp. 166-167ss.), déesse des arts, de la poésie et de la musique (Ficin) à laquelle les Grâces sont étroitement associées dans le néoplatonisme (Pic de la Mirandole) - nous allons revenir sur ce point -, mais le thème trinitaire est lui aussi commun à la déesse de l'Amour (l'Amour divin, l'Amour humain et l'Amour bestial de la théorie ficinienne) et à Peitho-Poésie (l'"*"harmonica"*...*, (l') *"organica"*...*, (et la) *"rythmica"*", "*trilogie des genres canoniques*", Klein, p. 200, qui symbolise les "*sermo-humilis*", "*mediocris*" et "*gravis*" de la *Rota Virgilis*, cf. *ibid.*, p. 201 et note 1, - ainsi "*Ripa, pour prendre un exemple courant, caractérise la poésie héroïque, lyrique et champêtre par*

le tuba, la lyre et la flûte. Il ajoute à part "il poema satirico"",
ibid., note 3 p. 200 -). Sur les Grâces filles ou
hypostases de Vénus, déesses de la Beauté et de la
juste proportion, et donc du "*Beau*", de la peinture et
de l'Art, cf. *Triomphe des Grâces ou Elite, en prose et en vers,
des meilleurs écrits anciens & modernes, qui ont fait la louange
des Graces,...*, Paris, M. De Querlon, 1775, notamment
les textes du *Criton*, ainsi que de l'abbé Massieu et de
l'abbé Winckelmann, et Edgar Wind, *Mystères païens de
la Renaissance*, Paris, Gallimard, 1992, pp. 130ss. Sur les
Grâces déesses de l'"*Harmonie*" en peinture, et leur
rapport à Vénus dans le néo-platonisme, cf.
notamment Wind, *ibid.*, ainsi que les références de
pages dans l'"*Index général*", p. 351. Elles vont même,
comme on l'a vu, jusqu'à s'identifier aux déesses du
Jugement de Pâris - et donc à Vénus (si l'on accepte
l'idée que les trois déesses du Jugement ne sont que les
hypostases de la même figure, cf. Wind, *ibid.*, et
Georges Dumézil, par ex. *Mythes et dieux des Indo-
Européens*, Paris, Flammarion, 1992) -, que ce soit dans
l'iconographie du *Jugement* même, ou dans *Les Tentations
de Saint Antoine*, cf. par ex. Frédérick Tristan, *Les
Tentations de Jérôme Bosch à Salvador Dalí*, Paris,
Balland/Massin, 1981, et Villeneuve, pp. 108 à 111.
En outre, la récurrence du thème des *Baigneuses* et des
Baigneurs dans l'oeuvre de Paul Cézanne dès 1875,
comme sa reprise (explicite) et sa transformation par
Pablo Picasso dans *Les Demoiselles d'Avignon* (1906-
1907) qui peint des prostituées barcelonaises de la rue
d'Avignon justement, montrent clairement d'une part
l'importance de la figure des Grâces, et d'autre part
leur lien direct à celle de Vénus (déesse de l'amour,
mais aussi, comme on le sait, de la prostitution). De

fait si, comme Emile Zola l'écrivait dans *L'OEuvre* (1886), la peinture des *Nus* évoquait à Cézanne leurs joyeux ébats d'enfants dans la campagne aixoise, au bord de la Viorne, cela ne suffit pourtant pas à expliquer leur stupéfiante prolifération dans ses toiles, sinon à supposer chez le peintre une obsession quasi névrotique, ce qui est peu probable. Mais rapprochée de la symbolique classique des trois Grâces, cf. Wind, cette multitude de *Nus*, *Baigneurs* et surtout *Baigneuses*, isolés ou à plusieurs, avec néanmoins une importante fréquence du thème trinitaire et de la référence à la figure vénusienne ainsi qu'au *Jugement de Pâris* dans la série nous semble-t-il, prend toute sa dimension, là encore comme allégorie de l'Art et du travail du peintre, inspiré par les Muses (soit donc Vénus, déesse, comme nous l'avons dit dans notre texte, des arts, et les Grâces, qui sont ses compagnes et parèdres traditionnelles). Frontisi, pp. 33 à 40, l'a parfaitement ressenti, lorsqu'il énumère une série d'oeuvres faisant, selon lui, partie de la longue tradition de l'iconographie de Vénus comme symbole de l'Art du peintre, depuis la Renaissance jusqu'à Cézanne, série dans laquelle il met en bonne place *Le déjeuner* et l'*Olympia*. Si l'on accepte donc que *Le concert champêtre*, représentation que nous considérons comme relevant en premier lieu (ne serait-ce que dans sa version définitive par Titien) de l'iconographie de Vénus (il suffit de le comparer entre autres au *Jardinet de Paradis* (reproduit dans Norbert Schneider, *Les Natures mortes - Réalité et symbolique des choses*, Cologne, Benedikt Taschen, 1991, p. 143, mais il va de soi que *Le concert champêtre*, comme on l'a évoqué, s'apparente à beaucoup d'oeuvres du même genre, reprenant tout simplement le type du jardin des *Enfants de Vénus*, cf. par ex. les fig. dans Trottein), réalisé vers 1410 par le Maître de Haute-Rhénanie, et qui, reprenant le type du jardin des *Enfants de Vénus*, utilise par ailleurs, comme *Le déjeuner sur l'herbe*, les motifs du repas et de la femme recueillant de l'eau), si l'on accepte donc que *Le concert champêtre* est une allégorie de la Poésie, et que *L'Atelier* de Courbet est, quant à lui, une allégorie de la Peinture dans laquelle l'hétaïre derrière le peintre n'est autre que la Muse Pictura des *Cabinets d'amateurs* du XVIIème siècle (dont *L'Atelier* s'inspire de toute évidence), la combinaison de la référence à ces deux oeuvres dans *Le déjeuner* ne peut plus alors être comprise autrement que par rapport à une allégorie du type des *Tarocchi*. D'autant plus que, comme on l'a répété, la référence e Vénus dans *Le concert champêtre* et dans *L'Atelier* est due à sa qualité de déesse de la Beauté, et par là même des Arts, de la Musique et de la Poésie (ainsi par exemple, Lord Byron consacra-t-il une strophe du *Childe Harold* de 1812-1818 à Vénus déesse de la "*Beauté*" et de "*l'Art triomphant*", strophe citée par Kenneth Clark, *Le Nu*, Paris, Hachette, 1987, 2 vol., t. I, p. 141). Or cette triple qualité est justement celle qui pour Ficin et toute la tradition classique après lui, on le sait, distingue Vénus des deux autres déesses du Jugement de Pâris, dont *Le déjeuner sur l'herbe* réactualise le modèle (Damisch). Ce qui n'a rien d'étonnant, quand on sait d'une part la contamination des figures et de l'iconographie des déesses-mères entre elles, et donc avec celles de Vénus-Astarté (qui en fournit bien souvent les caractéristiques initiales), et d'autre part que la combinaison de ces types, par ailleurs donc communs entre eux, a fourni le modèle à l'iconographie virginale, cf. Paul Friedländer, *Documents of Dying Paganism - Textiles of Late Antiquity In Washington, New York and Leningrad*, Berkeley et Los Angeles, University of California Press, et Londres, Cambridge University Press, 1945 (à commencer par celui de l'*Hortus conclusus* - symbole de la virginité de la mère du Christ, qui est le contrepoint évident et traditionnel de l'*Hortus deliciarum*, et dont une autre forme est la grotte des Vierges parisiennes, empruntée à l'iconographie isiaque et vénusienne, cf. Jurgis Baltrusaitis, *La Quête d'Isis*, Paris, Flammarion, 1985 -, et par celui de la *Vierge à l'Enfant* ou encore *Aux fleurs*, sur ce dernier point comparer le symbolisme vénusien de beaucoup de fleurs avec celui, virginal, qu'elles acquièrent par ex. dans les fig. de *Symbolique et botanique - Le sens caché des fleurs dans la peinture au XVIIème siècle*, Mairie de Paris, 1989). De fait, il semble bien qu'au Moyen Age et jusqu'au XVIIème siècle encore, les artistes et les savants (mythographes, théologiens) aient été très conscients de ces emprunts, cf. par ex. Baltrusaitis, et Aline Rousselle, *Croire et guérir - La foi en Gaule dans l'Antiquité tardive*, Paris, Librairie Arthème Fayard, 1990. Quant aux origines néo-platoniciennes du modèle du *Déjeuner sur l'herbe* que nous évoquons: Philostrate, *La galerie de tableaux*, Paris, Les Belles Lettres, 1991, pp. 9-10 (voir aussi à ce propos la "*Préface*" par Pierre Hadot, *ibid.*, pp. VI à XXII), dans son "*Prologue*", identifie déjà la beauté, la reproduction fidèle des oeuvres de la Nature (elle-même considérée comme un magnifique tableau) et le regard. Dans son *Commento* (II, 9 à 13) du "*Poème d'amour*" de Girolamo Benivieni, Pic de la Mirandole, *Commento*, précédé de Stéphane Toussaint, *Les formes de l'invisible*, Lausanne,

L'Age d'Homme, p. 116, définit "*la signification commune de la beauté prise au sens large, identifiable à l'harmonie,* (comme) *ce qui fait dire que Dieu a fondé l'univers sur un équilibre musical et harmonieux*" (II, 9). Cette "*musica humana*" est aussi au centre de la théorie de la "*grazia*" de l'art pictural, principe d'harmonie associé à la complexion des tempéraments humains et à la "*musique des sphères*" dans le *Trattato dell'Arte della Pittura* (1584) - "*bible du maniérisme*" comme l'appelait Schlosser, Klein, p. 174, - et l'*Idea del Tempio della Pittura* (1590) de Lomazzo, *ibid.*, pp. 174 à 192, notamment pp. 182-183ss. De fait, Pic (II, 9), p. 116, ajoute: "*... mais si l'on peut communément entendre par harmonie l'équilibre nécessaire à toute chose composée, quand sa signification plus précise s'applique à l'équilibre de plusieurs voix concourant à une même mélodie, de même, quoique la beauté puisse être le propre de toute chose dûment composée, sa signification propre s'applique au monde visible, comme l'harmonie s'applique au monde des sons; c'est le désir de cette beauté-là que l'on nomme l'amour. Du reste, l'amour naît de cette seule faculté cognitive: la vision, comme Musée, Properce, et tous les poètes, tant grecs que latins, l'ont toujours dit dans leurs célébrations; ce qui pousse Plotin à penser qu'Eros, nom grec de l'amour, dérive de "orasis", qui veut dire regard.*" Pic (II, 9), s'appuyant sur Aristote, distingue deux types de vues (celle "*apparentée aux anges*" et notre regard ou "*vue corporelle*", qui n'en "*est qu'un reflet*", *ibid.*), puis continue (II, 10): "*La beauté réside donc dans le visible; et comme la vision est double, corporelle et incorporelle, il y aura par conséquent deux natures d'objets visibles, soit deux beautés différentes, qui correspondent aux deux Vénus célébrées par Platon et par notre poète (Benivieni), autant dire la beauté corporelle et sensible ou Vénus vulgaire, et la beauté intelligible qui réside dans les Idées,* *objet de l'intellect, comme nous le disions, au même titre que les couleurs sont l'objet de la vue, et que l'on appelle la Vénus céleste. Il s'ensuit que l'amour étant un appétit de beauté, il y aura nécessairement deux amours comme il y a deux beautés, l'un vulgaire, attaché à la beauté vulgaire et sensible, l'autre céleste, attaché à la beauté céleste et intelligible. Ce qui fait dire à Platon, dans le "Banquet", qu'il existe autant d'amours qu'il y a de Vénus."*, ibid., p. 117. Ainsi, la Beauté est mise sous la tutelle de Vénus, et la Beauté parfaite, "*céleste*", "*est nommée "Jardins de Jupiter", parce que les Idées sont pour ainsi dire plantées en elle, exactement à l'image des arbres d'un jardin*" (II, 13), ibid., p. 119. De plus: "*Les dieux figurent donc les Idées qui préexistent à Vénus, car elle est la beauté et la grâce qui résultent de leur variété; et la fable rapporte qu'il étaient à un banquet parce que leur père les nourrissant d'ambroisie et de nectar. Ce qu'il faut savoir, c'est que les théologiens antiques, comme l'écrit Hésiode et le confirme Aristote, disent que tout ce que Dieu nourrit de nectar et d'ambroisie à sa table était éternel et que ce qui n'y était point représenté était mortel.*", ibid., p. 121. C'est "*enivré de ce même nectar*" que Poros, "*symbole de la richesse des Idées*", ibid., donne naissance à la Beauté, ibid., p. 119. Cette théorie inspira souvent Botticelli, ibid., pp. 49ss., notamment dans *Le Printemps* (1477-1478) et *La naissance de Vénus* (1482), symboles de la "*Beauté/Humanité*" (ibid., pp. 62ss.; Frontisi, pp. 34-35; et Panofsky, *Le Titien*, p. 168), dont on retrouve très exactement le type dans *Le déjeuner* (qui développe par ailleurs les thèmes de la forêt et du banquet, sous la référence mythologique au *Jugement de Pâris* de Raimondi, dont l'organisation n'est pas sans rappeler les naissances divines, soit de Vénus à laquelle fait référence Pic de la Mirandole, soit de Pandore, au milieu de l'assemblée divine, cf. par ex. Dora et E. Panofsky, *La boîte de Pandore*, Paris, Hazan, 1990): *"Entre 1475 et 1480, Botticelli peint le "Portrait d'homme avec la médaille de Côme l'Ancien", et surtout "Le Printemps", pour la villa Castello des Médicis. La toile inspirée par des tercets de Politien dans ses "Stances pour le tournoi" (1475), est une admirable composition, avec un feuillage d'une couleur caractéristique chez le peintre: le "vert pompéien", mélange particulier de jaune et de noir. Si l'interprétation en reste incertaine, la Vénus centrale, identifiée à l'Humanitas (déesse des humanistes), semble en tout cas vouloir séparer les sens et les valeurs matérielles, à droite (Flore, poursuivie et comme possédée par le souffle de Zéphir, répand ses fleurs sur le monde), et les valeurs spirituelles, à gauche, avec Mercure (le bon conseil et la raison) et les trois Grâces (Chasteté, Beauté, Amour). Mais cette séparation n'est pas, tant s'en faut, une opposition: elle appelle plutôt à un équilibre raisonné, celui-là même auquel le philosophe Marsile Ficin conseillait Laurent le Magnifique d'accéder, grâce justement au culte de Vénus-Humanitas. Ainsi, "Le Printemps", en opposition avec les dernières toiles de Botticelli, plus mystiques, reste, malgré ses mystères, une allégorie de l'idéal de la Renaissance, partagée entre la force et la beauté, la pensée et la jouissance."*, *Grands Peintres*, n° 8 "*Botticelli*", p. 11. Cf. aussi Frontisi, pp. 34-35.Sur les différentes versions de la naissance de Vénus selon Homère, Hésiode et Proclus, cf. par ex. Georges Devereux, *Femme et Mythe*, Paris, Flammarion, 1988, pp. 107-108ss. et 112. On notera à ce propos que *Le Printemps* de Botticelli, dont nous évoquons dans notre texte le lien avec *La naissance de Vénus*, peut très bien aussi y faire référence, ou tout du moins en être la suite. En effet, selon la tradition hésiodique (par ex. reprise par Horace, "*Ode XXX A Vénus*", p. 33), "*Lorsque*

Aphrodite toucha la terre (une fois née de l'écume - du sperme?, voir discussion *in ibid.*, pp. 101-102ss. - produite par la castration de Kronos), *des fleurs naquirent sur son passage, et elle fut accueillit par Eros (Cupidon) et peut-être par d'autres divinités"*, Michael Grant et John Hazel, *Dictionnaire de la Mythologie*, Verviers, Marabout, 1981, art. "*Aphrodite*", p. 33. On imagine donc bien la contamination possible, dans *Le Printemps* de Botticelli, entre le thème de l'arrivée bienheureuse de la saison nouvelle et celle de la déesse de l'Amour (et des humanistes, cf. note 123 et texte correspondant *infra*), sortant des flots. *Le Printemps* pourrait alors être compris comme l'illustration apologétique du retour à un Age d'Or, représenté pour Botticelli par l'humanisme florentin. L'interprétation que Wind, chap. VII "*La "Primavera" de Botticelli"* et VIII "*La naissance de Vénus"*, pp. 127 à 155, donne du tableau va d'ailleurs dans le sens d'une association entre le symbolisme de la naissance de Vénus et l'apologie de la philosophie néo-platonicienne comme "*force illuminatrice de la contemplation intellectuelle"*, *ibid.*, p. 137. Ainsi, non seulement *Le déjeuner sur l'herbe* reprend des motifs propres à la conception de Vénus, déesse de la Beauté: 1°/ Le banquet; 2°/ Les arbres (qu'on retrouve déjà, si l'on en croit les interprètes, comme symboles de l'"*Art personnel et réaliste"*, Courthion, *Tout l'oeuvre peint de Courbet*, dans l'*Atelier* de Courbet, ainsi qu'on l'a dit), symboles de la beauté de la Nature (car, de plus, comme on le sait, symbole psychanalytique du ventre maternel, au même titre que la grotte ou le jardin, de fait, on connaît l'importance dans le folklore populaire, que ce soit dans les contes pour enfants ou dans les légendes traditionnelles, des récits d'hommes ou d'enfants, nés ou perdus - voire morts puis renés - dans la forêt: le Petit Poucet, Hansel et Gretel, Merlin, Jean l'Ours, plus contemporains le Fantôme et Tarzan lui-même, etc...) elle-même dans le *Jardin des plaisirs terrestres* de l'iconographie médiévale où s'ébattent les *Enfants de Vénus*, ou symboles de la beauté céleste des Idées dans les "*Jardins de Jupiter*" de Pic de la Mirandole; Mais, même sans tenir compte de la présence particulière de tel ou tel motif vénusien dans *Le déjeuner*, il n'est nullement besoin de supposer une érudition particulièrement poussée chez Manet (qui, d'ailleurs, fréquentait comme Courbet les cercles littéraires et en conséquence était parfaitement au fait des thèmes poétiques qu'on pouvait y développer - surtout qu'en l'occurrence, ils étaient commun à l'art et à la littérature -) pour considérer comme évident qu'il fasse de son tableau, et de son propre aveu, l'illustration de cette Vénus-Humanité (ou "*Venus naturalis*", cf. Clark, chap. III "*Vénus I*" et IV "*Vénus II*", pp. 157 à 175 et 191 à 268, notamment pp. 194 à 201 et 221ss., qui, bien que pressentant avec pertinence l'importance nouvelle de "*l'Age d'Or*" issu de l'"*héritage... de l'imagination d'Ovide... conjugué avec celui de Virgile*" dans l'iconographie du *Concert champêtre* et des oeuvres de la fin du Moyen Age et de la Renaissance du même type, dans lesquelles se mêle "*chaque élément aimable de la nature - printemps, fleurs, rivières, l'insaisissable écho même -*", *ibid.*, p. 195, semble cependant ignorer l'interprétation, pourtant célèbre, du *Concert champêtre* en tant qu'allégorie de la Poésie, la première édition de l'ouvrage de Clark étant postérieure d'exactement dix ans à l'article de Patricia Egan, à noter que Damisch, semble beaucoup devoir -

ne serait que dans l'établissement de son corpus iconographique -, aux chap. III et IV de Clark), c'est-à-dire mélange subtil de référence à la "*grazia*" du peintre et de mise en scène du bonheur plein et sain des contemporains de l'artiste, loin des représentations étriquées et maladives en vêtements critiquées par Baudelaire dans la deuxième strophe du poème V des *Fleurs du Mal*. A cet égard, rien n'interdit de penser que Baudelaire, puis Manet, se sont directement inspirés dans le choix des symboles qu'ils utilisent pour parler de l'Age d'Or de l'Art et de l'Humanité (puisque Baudelaire au moins identifie les deux dans *Les fleurs du mal*) de ceux, classiques et, on le voit, largement répandus dans toute la littérature de l'âge moderne sur Vénus et la Beauté, symboles tels que, principalement donc, la forêt, le banquet, la fontaine (des Grâces ou de Jouvence, image probablement de la Beauté - d'origine vénusienne comme on l'a dit et comme l'atteste le thème populaire du "*bain*", cf. *supra* -, perpétuellement renouvelée), ou la nudité (dont l'iconographie de la fin du Moyen Age et de la Renaissance se sert de manière récurrente pour représenter les "*nombreux enfants de Vénus*", comme en témoigne notamment, ainsi qu'on l'a vu, l'*Hortus deliciarum* de Bosch), etc. En effet, rappelons encore une fois que, selon Proust, Manet se serait écrié, avant de se mettre à la réalisation du *Déjeuner sur l'herbe*: "*Il paraît qu'il faut que je fasse un nu. Eh bien, je vais leur en faire un. Quand nous étions à l'atelier, j'ai copié les femmes de Giorgione, les femmes avec les musiciens. Il est noir, ce tableau. Les fonds ont repoussé. Je veux refaire cela et le faire dans la transparence de l'atmosphère, avec des personnes comme celles que nous voyons là-bas. On va m'éreinter. On dira ce qu'on voudra...*" De fait - nous voulons insister sur ce point - *tout* paraît indiquer que, dans *Le déjeuner*, Manet a utilisé l'iconographie des *Enfants de Vénus* comme symbole de l'Art du peintre, conformément à une tradition bien établie en peinture, on le voit, au moins depuis le XVIIème siècle dans toute l'Europe (et antérieurement dans la littérature, comme l'attestent par exemple les textes cités de Ficin ou de Pic de la Mirandole), et qui de Vénus faisait aussi, en référence à son statut de déesse de la Beauté, celle des arts. Ce passage de la conception de Vénus comme déesse de la Beauté à celle de Vénus comme symbole de l'Art du peintre semble donc, comme on le voit - et, apparemment, de l'avis unanime des exégètes -, devoir être compris au travers de l'apologie néo-platonicienne de l'humanisme, censé avoir remplacé l'âge de la " *barbarie*" (ainsi que l'appelait Léonard de Vinci), âge représenté en peinture par la démultiplication des figures d'hommes sauvages, cf. Chastel et Klein, *L'Humanisme - L'Europe à la Renaissance*, Genève, Skira, 1995, pp. 52ss. et 82ss., et Panofsky, *Essais d'iconologie*, chap. II "*Les origines de l'histoire humaine: deux cycles de tableaux de Piero di Cosimo*" et III "*Le Vieillard Temps*", pp. 53 à 150 (dans ce sens, et en poursuivant l'idée de Chastel et Klein, on peut sans doute dire que la fortune iconographique parallèle à la Renaissance des *Enfants de Saturne* - symboliques de l'Age d'Or - et des *Enfants de Vénus* - symboliques de l'Age moderne - à la fois s'explique ainsi et est révélatrice de cette double mythologie du passage d'un âge barbare - celui des hommes sauvages - à l'humanisme et à la perfection vénusienne, la Renaissance marquant, en art, comme l'ont relevé aussi bien Chastel et Klein, IIème partie

"*Perspective et spéculations scientifiques à la Renaissance*", pp. 237 à 338, que Panofsky, l'apogée de la conscience de la perspective et des proportions). Cette apologie, sous-tendant le lien entre la perfection vénusienne et l'"'*harmonie*" de la pensée et des formes de l'humanisme, est très nette aussi bien dans les *Stanze* (1494) de Politien que dans les *Hymnes* (1555-1556) de Ronsard, cf. Chastel et Klein; ainsi que par ex. Jacques Gagliardi, *La conquête de la peinture*, Paris, Flammarion, 1993, pp. 816 à 823. C'est ce qui explique d'une part que *Le déjeuner* de Manet, faisant partie d'une longue tradition qui va de la Renaissance aux *Baigneuses* de Paul Cézanne (cf. Frontisi, pp. 34-35; Saxl, pp. 195 à 205), puisse être rapproché aussi bien du *Concert champêtre* que de l'iconographie des *Enfants de Vénus* ou des *fêtes champêtres* de Watteau (on sait la récurrence chez Antoine Watteau et Jean-Honoré Fragonard de l'imagerie vénusienne), et que d'autre part, comme les toiles de Cézanne notamment, *Le déjeuner* fasse sens par sa référence au thème du Jugement de Pâris, en cela que cet épisode mythologique, comme l'iconographie vénusienne qui lui est associée, sont depuis la Renaissance les symboles traditionnels de "*l'ordre nouveau*" (Klein, p. 82) et de "*l'harmonie*" (cf. Frontisi, p. 52; et Wind, pp. 130ss.). D'ailleurs, Claude Frontisi (1990) ne s'y trompe pas lorsqu'il identifie les oeuvres de Courbet et de Manet à la continuation de cette recherche symbolique d'une "*renaissance... de la peinture*" "*dans la mise en scène et l'intention d'ordre esthétique*", Frontisi, pp. 38-39. L'interprétation par Edgar Wind (1958) du thème du Jugement de Pâris de Raphaël (qui a donc servit de modèle à Manet par le biais de la gravure de Raimondi) est particulièrement

éclairante à ce sujet, puisqu'elle "*situe la discorde des trois déesses dans un monde de flux continuel - auquel Pic attribuait l'apparition de la Beauté "parce que là commence la contrariété"*... (car) *Alors que le geste moral exhortatif de Junon et le "dévoilement de la vérité" qu'accomplit Minerve invitent Pâris à regarder au-delà de la sensibilité, la perfection de Vénus "se donne à voir" ("Phèdre", 250d)*" et c'est ce qui, selon Wind, "*Dans la composition de Raphaël*" est "*irrésistiblement suggéré*" "*l'erreur de Pâris* (qui) *est d'avoir rendu un hommage extatique à et exclusif à la beauté*", Wind, pp. 102-103 et "*Appendice 7 - Amour et Discorde dans le "Jugement de Pâris"*", pp. 291-292. De fait, l'homme, qui ne peut, selon la tradition néo-platonicienne, s'élever jusqu'à Dieu et reste donc qu'au niveau de la représentation, *ibid.*, p. 245; c'est ce qui peut encore expliquer l'oeuvre d'art, qui est le paradigme de cette humanité entièrement vouée au corps, serait une sorte de "*Sphinge*" cause à la fois de l'erreur des hommes et de leur perte, *ibid.*, p. 250, comme la Vénus (ou l'Hélène, cf. notamment Jean Coman, *L'idée de la Némésis chez Eschyle*, Paris, Félix Alcan, 1931) du Jugement de Pâris.
[19]Qui, chez Seurat notamment, acquière purement cette valeur de révélateur de l'intimité. En effet, le thème du bain, marqué, encore jusque dans la première moitié du XXème siècle, avant la popularisation de la baignade collectif lors de l'apparition des fameux "congés payés" en 1936, était, au même titre que la chevelure démêlée ou la cheville laissée entrapercevoir, l'expression forte d'une intimité sexuelle. renvoie dans la mentalité populaire à toute une série d'interdits, liés à la féminité et au sexe, voire aux menstrues elles-mêmes. On connaît la fortune

iconographique des thèmes de *Vénus au bain* surprise par Actéon, et de ses équivalents chrétiens, *Suzanne et les vieillards* et *Loth et ses filles*(cf. par ex. Roland Villeneuve, *La beauté du Diable*, Paris, Berger-Levrault, 1983, p. 116). C'est implicitement l'allusion que représente le bain à cette vision interdite (concept fondamental pour la compréhension du *Déjeuner sur l'herbe*) qui éclaire les légendes, moins connues du public contemporains en cela qu'elles correspondent déjà à la mentalité d'une autre époque, sont certainement les légendes de la Reine de Saba ou de Sainte Néomaye. La première, selon la *Sourate* XXVII du *Coran*, reine impie invitée par Salomon, se présenta devant lui les jupes relevées, car Salomon, pour la démasquer, avait fait pavé son palais de miroirs, et la reine crût ainsi qu'il s'agissait d'une étendue d'eau. Elle révéla par là même ses jambes velues de reine des Djinns (les démons). Symboliquement vaincue par cet habile stratagème, elle se convertit au dieu de Salomon(cf. *Le Coran*, Paris, Garnier-Flammarion, 1970, pp. 294 à 300; et André Chastel, "*La rencontre de Salomon et de la reine de Saba dans l'iconographie médiévale*", *Gazette des Beaux-Arts*, 91ème année, VIème période, t. 35, New York et Paris, fév. 1949, pp. 99 à 114). La seconde, poursuivie par un prétendant, se réfugie sous un pont en priant Dieu d'acquérir des pieds d'oie, symbole de la lèpre et des menstrues, autrement dit de l'impossibilité des rapports sexuels. Dieu l'exhausse. La légende de cette sainte, réfugiée opportunément dans l'eau, se confond avec celles de la reine de Saba, représentée sur les portails romans avec des pieds d'oie, symboles cette fois de son impiété, et de la reine Pédauque (Claude Gaignebet et Jean-Dominique

Lajoux, *Art profane et religion populaire au Moyen Age*, Paris, P.U.F., 1985, voir référence en "*Index*", pp. 337ss.; et Pierre Saintyves, *Les contes de Perrault - En marge de La Légende Dorée - Les reliques et les images légendaires*, Paris, Robert Laffont S.A., 1987, pp. 1057 à 1071). En effet, ces deux reines subirent aussi les assauts d'amants indélicats, et alors que selon la légende africaine, la reine de Saba fut violée par le serpent, ancêtre de la tribu(cf. Dr Jean Murat, "*Histoire de la Reine de Saba*", *Histoire de la Médecine*, n° de fév. et n° de mars 1971), la reine Pédauque, parèdre de Mélusine, s'identifie elle-même à une reine-serpent (cf. Gaignebet et Lajoux, par ex. pp. 136ss.).Ainsi donc, le thème du bain, associé à celui de la virginité et de l'interdit sexuel (interdit déjà explicitement établi par le *Lévitique*, 15, cf. *La Bible de Jérusalem*, Paris, Desclée De Brouwer, 1975, pp. 174 à 176ss.; et Salomon Reinach, *Cultes, Mythes et Religions*, Paris, Ernest Leroux, 1922, t. I, pp. 79 à 85, 105 à 110, et 157 à 172), est fréquent, depuis l'Antiquité jusqu'à l'époque moderne. Point n'est besoin d'en rappeler la fortune iconographique au cours des siècles, notamment à l'époque moderne. Cependant, on peut noter qu'il apparaît de manière récurrente au XIXème siècle, puisqu'il s'agit encore, comme nous l'évoquions au début de la présente note, d'une époque où prônent l'interdiction de montrer et, par là même, le voyeurisme, notamment dans les oeuvres de Seurat, Cézanne, Matisse, et Courbet dont on citera, pour la forte influence qu'il eut sur l'art de Manet, qui le copia de très nombreuses fois cles oeuvres suivantes: *Les Baigneuses* (1853), *La Source - Baigneuse vue de dos* (1868), *La Femme à la vague* (1868), voire même *La Femme au perroquet* (1866), étrange naïade du type d'Ophélie, aux longs cheveux épars, allongée nue sur un drap, dans une sorte de décor sylvestre.

[20]Cf. Saxl, pp. 195 à 205.

[21]Cf. par ex. S. Speth-Holterhoff, *Les peintres flamands de cabinets d'amateurs au XVIIème siècle*, Bruxelles, Esevier, 1957.

[22]Cité *in ibid.*, p. 47.

[23]*Ibid.*, pp. 47 à 49.

[24]*Ibid.*, p. 49.

[25]*Ibid.*, par ex. pp. 52 à 60. Comme dans les allégories de la peinture, cf. Thomas Dacosta Kaufmann, *L'école de Prague*, Paris, Flammarion, 1985.

[26]Dans lesquels interviennent des figures vénusiennes, symptomatiquement associées aussi bien aux instruments de musique à corde et à vent qu'aux beuveries, cf. Speth-Holterhoff, pp. 52 à 60, On se souvient, en effet, que Vénus préside à la fois aux banquets luxurieux et aux musiques voluptueuses de ses enfants. On notera ainsi à ce propos que la figure féminine du premier plan du *Déjeuner sur l'herbe* reprend la pose pensive de la Vénus de *L'Allégorie de la Vue* de Bruegel de Velours, qui n'est autre que celle des mélancoliques aux banquets des *Vanités* classiques, cf. Jean-Marie Dautel, Philippe Rouillard et Alain Tapié, *Les Vanités dans la peinture au XVIIème siècle*, Caen, Musée des Beaux-Arts, 1990, et note 54 *infra*. Or comme l'ont montré Raymond Klibansky, E. Panofsky et Fritz Saxl, *Saturne et la Mélancolie - Etudes historiques et philosophiques: nature, religion, médecine et art*, Paris, Gallimard, 1989 et 1990, la mélancolie est, pour le néoplatonisme et Ficin en particulier, le propre des

artistes, intellectuels et religieux. Ainsi, parodiquement, la figure féminine du premier plan du *Déjeuner sur l'herbe* s'inscrit dans le cadre d'une relation dialectique entre les enfants de Vénus et ceux de Saturne (qu'on retrouve contemporainement dans les *Poèmes saturniens* de Verlaine), et au mieux dans la lignée des allégories de l'Art baroques.

[27] Speth-Holterhoff, pp. 58 à 60.

[28] Damisch, pp. 209-210.

[29] *Ibid.*, pp. 147 à 234.

[30] *Ibid.*, p. 161.

[31] *Ibid.* Cf. à ce propos Speth-Holterhoff, pp. 47 à 49, sur le rapport entre les *Cabinets de théoriciens* et les *Cabinets d'amateurs* (de peinture) dans la Flandres du XVIIème siècle.

[32] Damisch, p. 208.

[33] *Ibid.*, p. 212.

[34] Cf. Speth-Holterhoff.

[35] Cf. *Manet 1832-1883*, passim. Sur l'influence de l'oeuvre de Courbet sur Manet, voir plus particulièrement par ex. *ibid.*, pp. 254ss.

[36] *Grands Peintres*, Paris, Filipacchi, 1987, n° 25 "*Courbet*", p. 2.

[37] Il ne faut pas oublier que *L'Atelier* comme *Le déjeuner sur l'herbe* ont tous deux été refusés au Salon officiel, pour la même raison: l'impudeur, rapprochement déjà fait par Darragon, p. 85, bien que celui-ci n'est curieusement pas noté que les deux oeuvres avaient été refusées pour un motif identique. Par contre, Pierre Courthion, *Manet*, Paris, Cercle d'Art, et New York, Harry N. Abrams, 1978, p. 76, rapproche

explicitement l'oeuvre de Courbet du *Déjeuner sur l'herbe*, et, ce qui confirme notre propre interprétation, du thème pictural classique des nymphes au bain, par exemple repris par Corot nous rappelle-t-il.

[38]Non seulement *Le Bain* fut le titre initial du tableau, mais encore tout son arrière-plan en illustre le sujet (on peut de plus supposer que la nudité de Meurent s'explique par le fait qu'elle revient de se baigner). Cet arrière-plan occupe une place indéniablement centrale dans la toile, puisque la construction des masses fait apparaître cette vision curieuse d'une femme se baignant ou pêchant, comme dévoilée par les personnages du premier plan qui, assis ou allongés, semblent lui "faire la place". Ils forment en effet une frise, une "prédelle", sur laquelle s'avance la figure quelque peu fantasmatique de cette femme au bain qui, dans le jeu complexe des regards qui s'établit entre les personnages du tableau et les spectateurs, n'entre nullement, puisqu'elle ne regarde personne. De plus, il nous semble, mais cela est personnel, qu'une ligne précise délimite les deux parties du tableau, d'une part celle du bas, avec la "prostituée" et les deux "étudiants", d'autre part celle du haut, où pêche, les pieds dans l'eau selon le type de Vénus au bain, l'autre jeune femme. Cette ligne, qui délimite les deux parties, marque le début de l'emplacement de la pièce d'eau et continue jusqu'au canot amarré à droite. Elle est d'autant mieux perceptible que choque la différence de teinte très tranchée entre le vert foncé du sous-bois au premier plan et le vert très pâle (nous dirions vert-de-vessie) du pré dans le fond. Encore une fois, le titre original lui-même met l'accent sur la scène du fond, de

même que l'esquisse préparatoire de Manet peinte à Saint-Ouen. Dans un deuxième temps, si on rapproche une nouvelle fois ce découpage de celui de *L'Atelier* de Courbet, on peut supposer que, comme Courbet a exposé de grands paysages dans le fond de son *Atelier*, Manet a construit le fond du *Déjeuner* comme une sorte de "panorama". Quoiqu'il en soit, on a vu que la référence à *L'Atelier* est évidente dans *Le déjeuner*. Peu importe donc de réussir à prouver que l'arrière-plan du *Déjeuner* (bien que l'étude préliminaire peinte à Saint-Ouen atteste, comme nous l'avons dit, qu'il fut envisagé séparément par Manet) soit un fond et qu'en conséquence, l'ensemble de la toile ne nous situe pas, comme on le pense tout naturellement, à la campagne, mais bien dans un décor d'atelier. Les divers motifs du tableau, qui chacun symbolise, comme dans *L'Atelier*, un genre pictural particulier, suffisent à considérer le *Déjeuner* en tant qu'allégorie de la peinture. Il ne nous reste donc plus à présent qu'à montrer que l'allusion vénusienne a sa place dans l'allégorie picturale. Dans le propos que nous rapporte Proust, Manet affirme, bien qu'indirectement, sa volonté de produire une oeuvre scandaleuse: "*Il paraît qu'il faut que je fasse un nu. Eh bien, je vais leur en faire un... Je veux... le faire dans la transparence de l'atmosphère, avec des personnes comme celles que nous voyons là-bas. On va m'éreinter. On dira ce qu'on voudra...*" Si ce n'est pas une blague - au sens parodique du terme - que Manet avoue ici vouloir entreprendre, il cherche en tout cas clairement à faire une "*blague*" au sens où la définissent les Goncourt, c'est-à-dire comme "*la grande forme moderne, impie et charivarique, du doute universel et du pyrrhonisme national; la Blague du XIXème siècle, cette grande démolisseuse, cette grande révolutionnaire, l'empoisonneuse de la foi, la tueuse de respect"*. C'est même plus qu'une "*blague*", c'est "*l'image d(*'un) *art sans fausse pudeur ni maniérisme qu(*'à l'instar de) *Courbet* (il veut) *inaugurer"*, ainsi que nous l'avons déjà dit. Cette nouvelle forme d'expression, profondément moderne et irrévérencieuse, par son ambition même, demandait des dimensions grandioses (208x264,5 cm.), d'être traité comme un triptyque, et partant d'être une apologie païenne. Cette "apologie païenne" ne pouvait, par contrecoup, du fait même de ce postulat, n'être l'éloge que de la modernité, et même plus, de la modernité en art. Manet aura trouvé la substance de cet audacieux programme dans la triple référence à la mythologie (le Jugement de Pâris, symbole même du choix de l'Art, comme l'a montré Damisch), au *Concert champêtre* (image vénusienne de la beauté vivante et débridée), et à Courbet (père de la modernité et de la libération de l'art). En effet, on a vu que *Le déjeuner* était d'une part une référence à la mythologie et par là même une illustration moderne du thème iconographique des *Enfants de Vénus*, ainsi que d'autre part une allégorie de l'art du peintre, qui s'inspirait très directement de *L'Atelier* de Courbet.

[39]Cf. Darragon, passim.

[40]Cette pose n'est d'ailleurs pas n'importe laquelle, c'est celle du créateur, de l'artiste en train de peindre, et c'est pourquoi elle est aussi bien celle de l'Apollon de *L'inspiration du poète* de Nicolas Poussin, du Gustave Courbet de *L'Atelier*, du dieu de Marcantonio Raimondi ou du personnage d'Edouard Manet (qui, comme on le verra, l'empruntent, au moins chez

Poussin, Courbet et Manet, à la muse Pictura des *Allégories de la peinture* de la période moderne) que celle du Yahvé de la *Création d'Adam* de Michel-Ange pour la chapelle Sixtine.

[41]Dès lors, doit-on considérer comme un hasard que le modèle soit le frère de Manet, qui a le même prénom que Courbet (et ce bien que Manet aimât à faire poser pour ses toiles son frère, et plus généralement sa famille et ses proches, ainsi que le rappelle fort bien Darragon, pp. 424 à 435, lorsqu'il écrit que "*les conditions morales de toutes ses audaces, sont des preuves de la dimension biographique qui unit sa peinture à sa propre identité*", *ibid.*, p. 424)?

[42]Cette identification, d'origine classique ainsi que nous le montrons entre l'art en général et la musique en particulier comme épigone de la littérature, se comprend, du moins en partie, par la déportation par saint Augustin de la tripartition du son, exposée par Varron, sur les Muses, qui à l'origine auraient été seulement trois (Augustin expliquant, toujours en référence à Varron, comment dans une certaine ville on a fait passé leur nombre de trois à neuf), cf. Lucienne Deschamps, "*Varron, les Lymphes et les Nymphes*", *Hommages à Robert Schilling*, Paris, Société d'Edition Les Belles Lettres, 1983, note 6 pp. 76-77.

[43]Panofsky, p. 168.

[44]*Ibid.*, pp. 180-181.

[45]Cf. *ibid.*, pp. 181 à 186.

[46]Panofsky, *ibid.*, pp. 180-181 et 186. Cf. aussi à propos de ces débats entre les différents tenants de chaque art Anthony Blunt, *La théorie des arts en Italie 1450-1600*, Paris, René Julliard, 1962, et Panofsky, *Idea* -

Contribution à l'histoire du concept de l'ancienne théorie de l'art, Paris, Gallimard, 1989.

[47] A noter que Panofsky, *Le Titien*, pp. 188ss., associe à ce type de tableaux, qui opposent un homme habillé et une Vénus nue, les représentations de *Mars et Vénus*, rappelant fort à propos que de leur union naquit Harmonie. De plus, cette opposition ne fait que reprendre, de manière plus précise et à propos de la "*discussion*" sur les qualités spirituelles propres à la vue et à l'ouïe, celle, plus traditionnelle, entre "*la Vénus céleste* (qui) *nous conduit dans un royaume situé au-delà des sens,* (et) *la Vénus terrestre* (qui) *régit le monde accessible à l'oeil et à l'oreille*", *ibid.*, p. 168.

[48] Damisch, pp. 61-62.

[49] Ainsi que, on l'a vu, le *Concert champêtre* de Giorgione.

[50] Cf. entre autres André Chastel, *Mythe et Crise de la Renaissance*, Genève, Albert Skira S.A., 1989, par ex. pp. 67 à 119 et 295 à 303; et Schneider, notamment chap. 1, 5, 12-13 et 15.

[51] A noter que, selon l'interprétation vénusienne que nous donnons du *Déjeuner sur l'herbe*, le fait que l'oeuvre fut exposée entre *Mademoiselle V... en costume d'espada* et le *Jeune homme en costume de majo* (c'est-à-dire dans des costumes d'apparat rappelant ceux de la corrida), ce qui, selon le mot de Darragon, p. 84, en faisait "*le panneau central d'une sorte de triptyque où le nu féminin semblait être intégré à une mascarade provocante*", permet d'imaginer que Manet a pu vouloir associer par ce biais Eros et Thanatos, sur le modèle classique, et de la même manière que la partie centrale des triptyques médiévaux était souvent entourée de représentations de Saints et/ou (de) Martyrs. Une telle association se

conforme d'ailleurs parfaitement à l'idée de "*la fragilité de cette harmonie* ("*l'Harmonie*" amoureuse)*, soumise au destin et à la mort*", et à l'opposition, chère aux mythographes de la Renaissance, entre Eros et Antéros, qui fait d'ailleurs resurgir la question prégnante semble-t-il dans *Le déjeuner* de la vision (c'est-à-dire du choix humain de la Beauté et, par extension, comme nous l'avons montré, de l'Art au travers de la figure vénusienne) licite ou illicite ("*Dans les versions authentiques de ce mythe, Eros (ou Cupidon), le dieu de l'amour, refusait de grandir tant qu'il n'aurait pas reçu un pendant en la personne d'Antéros (considéré comme un fils de Vénus ou de Némésis), chargé d'éveillé l'amour "en retour" chez ceux qui sont aimés, or 'de venger toutes sortes d'offenses faites au dieu de l'amour; son rôle en tout cas n'était pas celui d'un adversaire d'Eros, mais d'un allié ou d'un amical rival. Dans l'art antique cette rivalité amicale s'exprime de bien des façons différentes: une épreuve de lutte pour la possession d'une palme; une course de torches; une partie de dés ("astragaloi"); une compétition pour des coings (symbole matrimonial); et même un combat de coqs. Mais comme la préposition grecque... signifie aussi bien "contre" que "en retour", certains écrivains de la Renaissance, se fondant sur un passage douteux du "Commentaire sur Virgile" de Servius, firent passer Antéros du statut de dieu de l'amour réciproque à celui de dieu qui éteint complètement l'amour ("Amor Lethaeus") ou bien qui calme l'amour physique - ou terrestre pour reprendre le terme néoplatonicien - au profit de l'amour vertueux, ou céleste. / Alciati, à l'encontre de mythographes plus classicisants et d'archéologues, tels que Mario Equicola, Celio Calcagnini, Giglio Gregorio Giraldi ou Vincenzo Cartari, consacra cette interprétation moraliste. Dans l'un de ses emblème (CIX selon la numérotation standard apparue semble-t-il vers 1570)*

"Anteros Amor Virtutis" a abandonné toutes ses armes pour les couronnes des quatre Vertus Cardinales (la Prudence, la Justice, la Force et la Tempérance). Dans l'emblème qui suit (CX) Antéros - désigné ici comme "Anteros Amor Virtutis alium Cupidinem superans" et qui se trouve de ce fait non seulement couronné de lauriers mais muni d'un arc et de flèches - a désarmé "l'autre Cupidon", l'a attaché à un arbre ou une colonne et brûle ses armes. Dans toutes les éditions antérieures à l'édition de Lyon de 1548 (à partir de laquelle les illustrateurs sont devenus moins soigneux) les gravures du livre d'Alciati montrent Eros vaincu, les yeux bandés, alors qu'Antéros vainqueur jouit du pouvoir de la vue./ Les illustrations de l'emblème CX d'Alciati sont donc les premières oeuvres d'art où l'amour voyant (ou angélique) et l'amour aveugle (ou terrestre) - il faut à cet égard se souvenir que le "petit archer aveugle" n'a acquis son bandeau sur les yeux qu'au début du XIIIème siècle - se trouvent réunis sur la même image, dans laquelle leur contraste se hausse au niveau d'un concept de la culture humaniste. Cette idée sera encore exploitée par des peintres du XVIIème siècle aussi importants que Poussin et Guido Reni, qui illustrèrent tous deux l'emblème d'Alciati presque "ad literam""), cf. Panofsky, *Le Titien*, pp. 190 à 193. D'une autre façon, qui ne s'oppose d'ailleurs pas foncièrement à la première, peut-être faut-il voir dans le couple que forment *Mademoiselle V... en costume d'espada* et le *Jeune homme en costume de majo* une référence au couple protoplastique, qui, encore une fois comme les Saints des triptyques médiévaux, entourent ici la scène édénique centrale du *Déjeuner*, selon un principe finalement assez proche du *Jardin des délices* de Bosch, cf. notes 44-45 et 127 et texte correspondant *supra*, à ceci près cependant que le destin de l'humanité ne s'y lirait plus de gauche à droite

ni dans une conception uniquement apocalyptique, mais condensé en une conception néo-humaniste de la modernité comme *hortus deliciarum*, c'est-à-dire, là encore conformément à la tradition, Age d'Or et étalon (ou, si l'on préfère, en l'occurrence, modèle) de l'Univers (en tant qu'expression du corps humain, cf. par ex. le vol. 46 de la série 1 "*Allégorie-Mythologie*" de la coll. d'iconographie de la Bibliothèque du Musée des Arts Décoratifs de Paris, Panofsky, *Essais d'iconologie*, pp. 53 à 150), s'affrontant ou reniant à la manière romantique les Dieux divin, comme le firent dans x mythologie antique Pâris et Prométhée.

[52]Cf. Darragon, pp. 89 et 311.

[53]Sans doute quelque peu allusive, mais comme le sont déjà ses modèles, à savoir les *Cabinets d'amateurs* du XVIIème siècle, avec leurs fréquentes et érudites références aux épisodes mythologiques. Ainsi, l'art pictural, pour être évoqué par "strates" dans *Le déjeuner* au travers des différents genres (nature morte au premier plan, puis nu et portraits, paysage dans le fond) et des cinq sens, laisse en permanence pressentir la présence du peintre derrière l'oeuvre, et le peintre, qui n'est lui-même qu'une ombre insaisissable, fait du tableau une oeuvre hâbleuse (une "*blague*" au sens que les Goncourt donnent à ce mot) en même temps qu'une manifestation de ce que nous serions tenté d'appelé l'"'art total", par son caractère métaphorique - voire onirique - excessivement moderne.

[54]En ce sens, on peut sans doute voir dans *Le déjeuner* une "contre-*Vanité*". En effet, les reliefs du repas et la flasque renversée ne sont pas sans rappeler certaines *Vanités* célèbres dans lesquelles les plaisirs de l'alcool et

de la fumée symbolisent clairement soit la nature transitoire de l'existence humaine - en référence au thème de l'*Homo bulla* -, soit le regard rieur et détaché de Démocrite sur la vie et les biens terrestres, cf. Dautel, Rouillard et Tapié, par ex. fig. 0.27 p. 277, 0.31 p. 285, 0.32 p. 289 et 0.45 p. 319. D'ailleurs, on connaît parfaitement la récurrence de la figure de Vénus ou Eva-Pandora dans l'art des *Vanités*, *ibid.*, pp. 166 à 179. Ainsi, allégorie de la peinture (comme le sont encore certaines *Vanités*, cf. *ibid.*, par ex. pp. 186ss.) par le biais de la référence vénusienne (conformément au type des *Cabinets d'amateurs*, ainsi qu'on l'a montré), *Le déjeuner*, en affirmant l'identité parfaite entre les plaisirs terrestres et l'art du peintre, identité qui postule la préséance de la beauté physique (la Vénus humaine) sur l'académique (la Vénus idéale ou divine), nous paraît donc entreprendre un discours sur l'art qui renvoie avant la lettre la question de la culpabilité - ou de la fluidité de la vie - "au musée", et impose l'idée que la beauté est à la fois moderne, charnelle et vivante (et non académique, idéalisée et héroïque, comme le veut l'école classique). En cela, *Le déjeuner* est une des oeuvres qui ouvre toutes grandes, et le plus directement, les portes à l'art contemporain.

[55]Peut-être d'ailleurs de manière parodique, comme nous avons proposé de la voir, puisqu'elle vient se surajouter à celle du Jugement de Pâris, elle-même déjà symbolique (comme aussi celle aux cinq sens) de l'art pictural dans les *Cabinets d'amateurs*.

[56]Même si, d'une façon générale, les personnages des oeuvres de Manet sont souvent représentés fixant le spectateur, un peu comme si le peintre les avait

travaillé comme des modèles d'atelier, et non comme des personnages en action. C'est peut-être en partie ce qui a provoqué une gêne constante des critiques vis-à-vis de l'art de Manet.